SAVOIR TRAITER AVEC LES GENS
IMPOSSIBLES

Cet ouvrage a été originellement publié par
Key Porter Books Limited
70 The Esplanade
Toronto, Ontario
Canada M5E 1R2

sous le titre : Difficult People

© 1989, Key Porter Books Limited
© 1990, Les Éditions Quebecor, pour la traduction française

Dépôt légal, 4e trimestre 1990
Bibliothèque nationale du Québec
Bibliothèque nationale du Canada
ISBN : 2-89089-767-2

LES ÉDITIONS QUEBECOR
Une division du Groupe Quebecor inc.
4435, boul. des Grandes Prairies
Montréal (Québec)
H1R 3N4

Distribution : Québec Livres

Conception de la page couverture : Christian Sauvé
Réalisation graphique de la page couverture : Manon Boulais
Illustration de la couverture : Christian Sauvé
Révision : Claire Campeau
Impression : Imprimerie l'Éclaireur

SAVOIR TRAITER
AVEC LES GENS
IMPOSSIBLES

ROBERTA CAVA
Traduit par:
MICHÈLE THIFFAULT

Les Éditions
Québecor

INTRODUCTION

Devez-vous affronter des gens furieux, impolis, impatients, émotifs, obstinés ou agressifs? Revenez-vous du travail épuisé d'avoir dû négocier toute la journée avec des gens difficiles? Si c'est le cas, ce livre vous aidera à vous maîtriser en empêchant les autres de vous transmettre leurs sentiments négatifs. Vous apprendrez comment dominer votre colère et votre stress et comment acquérir un avantage psychologique sur votre interlocuteur en améliorant vos talents de communicateur.

Les commerces, surtout ceux qui ont des services à la clientèle, découvrent de plus en plus l'importance d'avoir des employés capables d'affronter tous les types de personnes et de situations difficiles. Les employés qui réussissent bien dans ce domaine sont très recherchés.

Les personnes difficiles sont celles qui essaient:
- de vous faire perdre votre sang-froid;
- de vous forcer à faire des choses que vous ne voulez pas faire;
- de vous empêcher de faire ce que vous voulez ou ce que vous devez faire;
- de vous contraindre, de vous manipuler ou d'utiliser d'autres méthodes sournoises pour arriver à leurs fins;

— de vous faire sentir coupable si vous n'êtes pas d'accord avec elles;

— de vous rendre anxieux, vexés, frustrés, fâchés, déprimés, jaloux, inférieurs, abattus ou de vous faire éprouver tout autre sentiment négatif;

— de vous faire faire leur travail.

Connaître des techniques efficaces pour négocier avec les personnes et les situations difficiles peut augmenter votre confiance, améliorer votre compétence au travail, réduire votre stress et votre anxiété et augmenter votre enthousiasme au travail.

Vous éprouverez un sentiment d'accomplissement lors-que vous viendrez à bout d'une situation difficile. Votre employeur, vos collègues ou votre personnel auront con-fiance en vous. Ils vous admireront et vous apprécieront. Ils y penseront à deux fois avant de vous bousculer et ils essaieront de vous faire plaisir.

Comment pouvez-vous savoir que les techniques expli-quées dans ce livre sont vraiment efficaces? Plus de 10 000 personnes ont participé à mes séminaires et m'ont donné leurs commentaires. Plusieurs ont pris le temps de m'écrire pour me raconter la façon dont ils ont négocié dans des situations particulièrement difficiles. J'ai utilisé dans ce livre les exemples qu'ils m'ont fournis. J'approuve toutes les tech-niques que je décris et je les mets en pratique régulièrement. En plus de faire face aux situations difficiles de mieux en mieux, j'ai appris à maîtriser mes réactions face aux situa-tions négatives. Vous aussi, vous le pouvez!

CHAPITRE UN

COMPRENDRE LE COMPORTEMENT ET SES EFFETS

Question : Qu'est-ce qu'une personne difficile? *Réponse :* Une personne dont le comportement vous cause des problèmes à vous ainsi qu'aux autres. Négocier avec une personne difficile revient à négocier avec un *comportement* difficile.

Ce livre traite des interactions entre vous et les autres. L'interaction se fait dans deux directions. Vous réagissez face à une personne et cette personne réagit face à vous. Vous n'êtes peut-être pas en mesure de contrôler directement le comportement des autres. Mais en apprenant comment maîtriser votre propre comportement et en développant des techniques efficaces de communication, vous pouvez influencer les autres de façon positive. Vous pouvez transformer leur comportement difficile (et le vôtre) en comportement civilisé et constructif qui permettra à chacun de se sentir bien.

Apprendre à négocier avec les personnes difficiles implique d'apprendre à maîtriser votre partie de la communication. Cela permet à l'autre personne de travailler avec vous afin de changer ce qui la rend difficile.

Lorsque vous rencontrez une personne difficile, plusieurs d'entre vous réagissent de façon à aggraver le problème, par exemple, en faisant une remarque acerbe, en vous mettant sur la défensive, en considérant la colère de cette personne comme une affaire personnelle plutôt que d'essayer de négocier avec le vrai problème. Ces réactions normales et improductives réduisent vos chances de transformer une rencontre négative en une rencontre constructive.

Par exemple, lorsque vous avez affaire à des gens qui sont irritables, impolis, impatients ou fâchés, vous n'avez pas souvent la possibilité de leur répondre en criant. Cela est particulièrement vrai si vous travaillez avec le public ou si vous devez négocier avec des gens difficiles au téléphone ou en personne. Vous pouvez maîtriser vos réactions négatives si vous refusez mentalement d'accepter les sentiments négatifs que ces gens projettent.

Supposez qu'un client vous engueule pour quelque chose dont vous n'êtes pas responsable. Quelle serait votre réaction naturelle?

1. *Vous vous défendez ou vous défendez votre compagnie.*

La plupart d'entre nous réagissons de cette façon. Le client vous attaque verbalement et déclenche votre mécanisme de défense. La réponse est instinctive, aussi naturelle que votre respiration. Lorsque vous réagissez défensivement, cela règle-t-il quelque chose? C'est peu probable. Le client sera-t-il satisfait? C'est peu probable également. Vous pourriez vous mettre à crier tous les deux en exprimant de part et d'autre des sentiments négatifs.

2. *Vous êtes furieux du comportement de votre client, mais vous serrez les dents et vous vous concentrez sur son problème.*

Vous avez laissé la situation vous toucher. C'est aussi une réaction négative; dans ce cas-ci, pour vous. Arrêtez-vous un moment et demandez-vous si le client est fâché contre vous ou à cause de la situation. Dans la plupart des cas, c'est à cause de la situation. Vous êtes là par hasard et vous devenez le récipient de la frustration et de la colère de votre client.

3. *Avant de répondre, vous prenez le temps de réaliser que le client est fâché à cause de la situation et non à cause de vous. Ainsi, vous n'avez pas à vous défendre.*

Cette dernière solution est la meilleure. Vous réalisez cela en empêchant votre mécanisme de défense de s'enclencher. C'est plus facile que vous le pensez. Il faut de la pratique. Mais vous pouvez le faire! Dès que vous commencez à être tendu et que vous ressentez le besoin de vous défendre, arrêtez et analysez la situation. Votre client est contrarié par votre compagnie ou par la situation, non par vous. Il est absolument inutile de vous défendre. Concentrez-vous plutôt sur son problème. Il sera satisfait et vous aussi; ainsi, tout le monde y gagnera.

Vous pensez peut-être qu'il s'agit d'une réaction de faiblesse. Pourtant, le résultat final est positif pour les deux parties. Vous choisissez la bonne approche en vous concentrant sur le problème de votre client plutôt que sur vos propres sentiments.

Pour accomplir cela, vous devriez :

— prendre des notes pendant que votre client parle;
— utiliser la paraphrase pour vous assurer de bien comprendre son problème. Cela prouve que vous écoutez ce qu'il vous dit;
— poser des questions.

Refiler la responsabilité à quelqu'un d'autre, dire que vous n'êtes pas responsable ou défendre votre compagnie n'apporte aucune solution. Le client ne veut pas savoir qui a fait l'erreur; il veut seulement que vous trouviez une solution à son problème. Vous demeurerez plus calme si vous ne prenez pas une attitude défensive. Habituellement, lorsque vous réglez le problème, le client s'excuse d'avoir crié.

VOTRE HUMEUR VOUS CONTRÔLE-T-ELLE?

Avant de négocier avec des personnes difficiles, il est essentiel de vous prendre en main. Est-il possible que vos actions ou votre comportement contribuent au comportement des personnes difficiles qui vous entourent?

Trop souvent, nous laissons les autres contrôler la façon dont nous nous sentons. Nous les laissons influencer notre journée. Ma vie a changé lorsque j'ai réalisé que je pouvais choisir ma façon de réagir face à une situation difficile. Je pouvais accepter les mauvais sentiments qui venaient les autres, ou simplement les refuser. Lorsque j'ai appris cette simple technique, j'ai constaté que j'avais beaucoup plus de contrôle sur mon humeur quotidienne. J'étais débarrassée de mes fréquentes sautes d'humeur. Les autres ne décidaient plus de la façon dont mes journées se déroulaient. C'est moi qui décidais! Vous pouvez vous aussi arriver à cette maîtrise. Il y a certes des exceptions. Mais je crois que vous pouvez tout de même arriver à maîtriser une grande partie de vos sautes d'humeur et de vos réactions. Si vous parvenez à contrôler les petites difficultés, vous serez mieux équipé pour faire face aux grandes.

Voici un exemple. Vous vous rendez au travail en voiture et vous êtes de bonne humeur. Soudain, une voiture surgit en face de vous et provoque presque une collision. Vous enfoncez les freins; tout ce qui se trouve sur le siège avant tombe. Vous priez. Votre voiture s'arrête à quelques centimètres de l'autre. Vous lâchez le volant et vous vous penchez pour ramasser ce qui est tombé sur le plancher. Puis, en vous relevant, vous constatez que l'autre voiture a disparu.

Quelle est votre première réaction? Vous vous emportez contre les mauvais conducteurs. Combien de temps demeurez-vous fâché contre le conducteur de l'autre voiture? Qu'est-ce que cela vous apporte? J'ai vu des gens qui sont restés fâchés durant des heures et qui racontaient leur expérience aux personnes qui voulaient bien les écouter.

Lorsque la voiture vous a coupé, vous aviez deux choix : vous pouviez vous fâcher ou vous pouviez reconnaître que vous aviez bien réagi dans une situation d'urgence et continuer calmement votre chemin.

Si vous choisissez de rester fâché, vous ne pouvez pas blâmer l'autre conducteur. Ce que vous faites après avoir vécu une situation négative est votre décision et non celle d'une autre personne. Si vous laissez quelqu'un vous déranger, vous prenez la mauvaise décision.

Voici un autre exemple. Vous avez travaillé très dur pour terminer un travail et vous êtes fier de ce que vous avez accompli. Vous attendez . . . et attendez une reconnaissance quelconque de votre superviseur. Viendra-t-elle? Dans bien des cas, il n'y en aura pas. Vous avez plus de chances d'entendre parler de la petite portion du travail que vous n'avez pas bien faite.

De plus, vous êtes probablement votre critique le plus dur. Il y a une petite partie en nous qui critique constamment tout ce que nous faisons. Elle nous dit des choses comme: «Tu as encore manqué ton coup! Tu ne réussis jamais rien de bon!»

Apprenez à arrêter de vous critiquer et commencez à vous encourager de façon positive. Si vous avez fait du bon travail, vous devriez vous féliciter mentalement en vous disant: «Je suis très fier de mon travail.» N'attendez pas que les autres le fassent. S'ils le font, prenez leurs compliments comme de la «sauce». Vous n'en avez pas besoin tous les soirs? Non! Tout comme trop de sauce peut vous faire engraisser, trop de compliments peuvent vous enfler la tête. Vous devriez essayer de vous plaire à vous-même. N'essayez jamais de battre le record de quelqu'un d'autre. Améliorez simplement votre propre performance.

La prochaine fois qu'une telle situation se produit, n'acceptez pas les sentiments négatifs qu'elle provoque. Il faut que vous fassiez un effort constant et soutenu. Pratiquez-vous jusqu'à ce que vous réagissiez automatiquement de la façon dont vous voulez. Vous verrez que vous retournerez peut-être à votre ancienne façon défensive, mais persévérez. Si vous le faites, vous arriverez à garder votre sang-froid plus souvent dans des situations difficiles.

Lorsque vous éprouvez un sentiment négatif important, arrêtez-vous pour évaluer si ce sentiment est réaliste ou non. Ce sentiment peut être la culpabilité, la frustration, la vulnérabilité, la colère, la douleur, le désir de vengeance, l'anxiété, la jalousie, l'envie, l'abattement, la défense, la faiblesse, la dépression ou la dépendance. Si vous êtes convaincu que ce sentiment n'est pas réaliste, ne laissez pas les mots ou les actions des autres vous affecter. Demandez-vous si votre réaction est exagérée ou si votre émotion est appropriée à la situation. En faisant cela, vous demeurez responsable de vos émotions et vous gardez le contrôle sur la situation.

Avez-vous des sautes d'humeur qui affectent vos journées? Êtes-vous énergique un jour et abattu le lendemain? Souvent, cela dépend de ce qui se passe autour de vous. Quelqu'un vous embête ou vous donne une montagne de travail. Vous pensez: «Oh! mon Dieu, donnez-moi de l'énergie!» Tous ces petits ennuis peuvent gâcher votre journée. Si vous pouvez les aborder de façon constructive, vous marquez un point.

L'APPROCHE POSITIVE

Je suis certaine que vous avez déjà eu des journées où tout allait mal. Vous souhaitiez retourner vous coucher alors qu'il était seulement 10 heures du matin. La façon dont vous réagissez détermine souvent le résultat. La plupart des gens réagissent en disant : «Encore une de ces journées!» Ils s'attendent à ce que le reste de la journée soit pénible. Et bien sûr, il l'est!

Lorsque trois ou quatre choses ont mal été pendant la journée, arrêtez-vous un instant. Au lieu de vous dire : «Encore une de ces journées!», pensez plutôt : «Enfin, c'est terminé!» Ainsi, vous vous dites que le reste de la journée ira mieux. Essayez de prendre une attitude positive lorsque vous avez une mauvaise journée. Vous verrez que la situation pourrait bien tourner à votre avantage.

COMMENT FAIRE FACE AUX SENTIMENTS NÉGATIFS

Les gens croient souvent (incorrectement) que les mauvais sentiments sont toujours dangereux et puissants. S'ils expriment ces sentiments ouvertement, ils croient qu'ils perdront l'amour de quelqu'un ou qu'ils provoqueront la colère, l'ennui ou l'aversion de quelqu'un. Ils ne peuvent pas admettre que vouloir être aimé de tous tout le temps est un but irréaliste.

D'autres croient (aussi incorrectement) qu'il est «malsain» ou «malhonnête» d'essayer de contrôler la façon dont ils expriment leurs sentiments. Ils croient avoir le droit de laisser savoir aux autres comment ils se sentent et cela, de la manière qu'ils choisissent, peu importe les circonstances ou les conséquences.

La plupart des gens croient qu'il y a seulement deux choses à faire avec les sentiments négatifs : (a) les réprimer; (b) les exprimer sous une forme qu'ils connaissent, c'est-à-dire négativement. La plupart d'entre nous savons que ces deux façons peuvent être plutôt destructives.

a) Le refoulement

Certaines personnes sont loin de leurs émotions et connaissent mal leur propre mauvaise humeur. Ces personnes craignent souvent le pouvoir de leurs émotions et ne peuvent les admettre (négation). D'autres sont tout à fait conscientes de leurs sentiments. Mais elles ne peuvent pas trouver une façon constructive de les exprimer et elles se forcent à en supprimer les signes extérieurs.

Si vous êtes une de ces personnes, vous réalisez peut-être que ces méthodes épargnent les autres, mais qu'elles vous font du tort. Si vous n'affrontez pas vos sentiments, ils ne s'en vont pas. Ils apparaissent plutôt sous la forme des symptômes suivants :

La dépression. Elle peut résulter de mauvais sentiments que la personne tourne contre elle-même, car elle se sent impuissante devant le problème. La dépression qui en résulte peut devenir grave.

Les maladies psychosomatiques. Le refoulement des sentiments négatifs peut causer plusieurs maladies physiques, comme les maux de tête dus à la tension, les muscles tendus, l'insomnie, les troubles d'alimentation, les migraines, les ulcères et les crises cardiaques.

La diminution de la confiance en soi. Un des résultats les plus pathétiques du refoulement est la tendance à retourner les sentiments négatifs contre soi. Au lieu de décharger leur colère contre la situation contraignante, ces personnes se détruisent elles-mêmes et finissent par se sentir inutiles.

Le retrait émotif. Les personnes qui réagissent de cette façon deviennent apathiques, indifférentes et fermées. Elles donnent l'impression d'être simplement des robots.

Le recours aux drogues ou à l'alcool. Les émotions refoulées peuvent aussi conduire certaines personnes à rechercher une évasion ou un soulagement dans la drogue ou l'alcool.

b) L'expression négative des sentiments

Les gens qui sont capables d'exprimer leurs sentiments négatifs rencontrent des pièges différents. Certaines façons d'exprimer ouvertement les sentiments négatifs peuvent aussi être destructives; elles blessent les destinataires et elles aliènent les gens. Les personnes d'humeur changeante se retrouvent donc souvent isolées. Les façons d'exprimer les sentiments négatifs qui ont généralement des effets destructeurs sont:

Les crises de colère. Il s'agit de l'expression de la colère infantile, inopportune et incontrôlée, qui peut être déclenchée par n'importe quoi — un événement insignifiant ou quelque chose qui s'est déroulé dans le passé et que la personne a refoulé pendant des années. Les personnes enclines aux crises de colère peuvent affronter les problèmes mineurs de la vie quotidienne en ne disant rien sur le moment. Puis, une simple remarque agit comme déclencheur. Elles explosent alors dans une colère noire et elles s'en prennent à la personne qui se trouve près d'elles. Cette fureur a des conséquences malheureuses. La personne se sent très mal et les autres sont choqués.

La bouderie. Les boudeurs sont prêts à montrer qu'ils sont de mauvaise humeur; mais ils refusent d'expliquer pourquoi. Le silence prolongé et «jouer à la personne blessée» sont des variantes de la bouderie.

Le sarcasme. Les personnes qui ont recours au sarcasme pour exprimer leurs émotions négatives sont habituellement réticentes à confronter directement la cause de leurs sentiments négatifs.

LA LOGIQUE OU L'ÉMOTION: L'APPROCHE ANALYTIQUE

Si une émotion négative s'installe, elle doit sortir d'une façon ou d'une autre. Nous avons vu quelques façons instinctives de faire face à ces émotions. La plupart de ces réactions instinctives ou impulsives ont des conséquences négatives. Le défi consiste à trouver une façon constructive de traiter ces émotions négatives.

Deux forces, la logique et les émotions, règlent notre vie. Elles travaillent souvent dans des directions opposées. Celle qui domine à un moment particulier déterminera nos relations avec les autres et pourra affecter notre sentiment de réussite. Il est plus facile de réagir avec ses émotions à une situation qu'avec sa logique. Pourtant, la logique nous aide à traiter les situations difficiles de façon constructive.

Si vous ne vous comportez pas logiquement de façon naturelle lorsque vous êtes dans une situation tendue, ne vous découragez pas. L'habileté à utiliser la logique pour résoudre les conflits et les problèmes peut se développer. La première étape est de comprendre la nature de la difficulté. Vous pouvez le faire en analysant la situation, vos sentiments et votre comportement. Avec les renseignements que vous aurez obtenus, vous pourrez apprendre à contrôler vos réactions plutôt que de laisser votre instinct vous contrôler.

Voici deux exemples de la façon dont l'approche analytique peut vous aider.

1. Supposez que vous vous sentez déprimé seulement parce que c'est lundi matin. Vous déclarez-vous malade ou essayez-vous de trouver ce qui ne va pas? Lorsque vous analysez vos réactions, vous réalisez que vous êtes habituellement plus énergique le vendredi après-midi et plus lent le lundi matin. Vous faites peut-être partie du 80 p. cent de travailleurs qui sont dans le mauvais emploi. Que faites-vous? Vous vous laissez aller à la dépression ou vous faites ce qui est logique : vous pensez sérieusement à chercher un emploi qui vous convient mieux.

Lorsqu'on considère que la plupart d'entre nous passons dix heures par jour cinq jours par semaine à nous préparer au travail, à nous y rendre et à travailler, il est malheureux que nous ne mettions pas plus d'énergie à choisir ce que nous voulons faire de notre vie. Si vous n'aimez pas votre emploi et si vous voulez en chercher un qui vous convient mieux, vous pourriez commencer en contactant un des centres d'emploi du gouvernement dont la liste est fournie à l'annexe I.

2. Supposez que vous devez finir un travail pour deux heures de l'après-midi et que votre superviseure vous donne soudainement une charge de travail additionnelle. Comme votre superviseure agit souvent de la sorte, vous vous retrouvez régulièrement dans l'impossibilité de compléter à temps le travail qu'on vous assigne. Vous vous sentez incompétent. D'un autre côté, vous ne voulez pas ennuyer votre superviseure en disant non. Vous pouvez refuser de dire non à votre superviseure et vous serez alors obligé à deux heures de l'après-midi de lui dire : «Je suis désolé. Mais je n'ai pas fini!» Ou vous pouvez lui dire : «Je n'aurai pas le temps de faire cela et de terminer ce rapport pour deux heures. Que dois-je faire en premier?»

Dans le premier cas, votre superviseure vous en veut de toute façon, car en demeurant silencieux, vous l'empêchez de prendre d'autres arrangements pour terminer le rapport. En plus, vous vous plaignez que vous devez travailler sous pression.

Dans le second cas, votre analyse de la situation vous permet de réaliser que c'est la responsabilité de votre superviseure de vous aider à établir les priorités. Pour qu'elle puisse le faire de façon efficace, vous devez vous assurer d'avoir une bonne idée de votre charge de travail. Vous avez peut-être déjà suivi un cours de gestion du temps pour vous aider à établir les priorités. Vous gardez une liste de choses à faire et vous savez exactement ce que vous pouvez faire dans une journée. Ainsi, vous pouvez en informer votre superviseure régulièrement.

L'ANALYSE DU STRESS

Certains symptômes physiques et certains comportements sont associés au stress. Parmi les signes physiques, on peut retrouver les muscles tendus, la mâchoire ou les dents serrés, le pouls rapide, les battements de coeur frénétiques, la sudation abondante, le souffle court, l'augmentation de la pression sanguine, la peau moite, les mains et les pieds froids, la mauvaise digestion, la respiration rapide, la sensibilité accrue aux bruits et le rythme de pensées trop «rapide». Les comportements associés au stress peuvent inclure l'impatience, l'agitation, les rages soudaines, le fou rire, les pleurs et une tendance à exagérer les émotions de toutes sortes. Dans certains cas, la dépression et l'apathie peuvent aussi être des réactions au stress.

Tous les stress ne sont pas mauvais. Les émotions exacerbées et les symptômes physiques associés au stress peuvent se produire à la suite d'un événement plaisant et excitant, comme le fait d'être promu ou de tomber amoureux. Le stress n'est pas le problème; il s'agit plutôt du stress négatif, celui qui produit la détresse.

Par exemple, la plupart des gens croient que les bourreaux de travail sont malheureux; mais ce n'est pas toujours le cas. Il y a deux sortes de bourreaux de travail. Il y a ceux qui aiment leur travail et qui passent de longues heures à travailler parce qu'ils en retirent du plaisir. Ils sont stressés; mais ils en souffrent rarement.

Les autres sont motivés, non pas par l'enthousiasme, mais par un sentiment différent comme:
— la compétition;
— la pression;
— les coupures de budget;
— les problèmes familiaux ou relationnels;
— les problèmes financiers.

Ils souffrent de la détresse provoquée par leur stress. Nous connaissons tous des gens qui:

- amènent du travail chez eux le soir et la fin de semaine, mais qui en éprouvent du ressentiment;
- souffrent de troubles nerveux;
- s'alimentent mal et font peu d'exercice;
- ne prennent jamais de congé de maladie. (Ce sont eux qui transmettent la grippe aux autres employés, car ils viennent travailler lorsqu'ils ne devraient pas.);
- passent peu de temps avec leur famille;
- ne savent pas comment relaxer, s'amuser ou simplement se détendre (les sports de compétition sont souvent leur façon de relaxer).

Si vous croyez être un bourreau de travail, le questionnaire suivant peut vous aider à déterminer si votre travail est une source de stress positif ou négatif.

ÊTES-VOUS UN BOURREAU DE TRAVAIL?

Partie A

	Oui	Non
1. Êtes-vous toujours ponctuel à vos rendez-vous?	___	___
2. Êtes-vous plus à l'aise lorsque vous êtes productif qu'au repos?	___	___
3. Planifiez-vous soigneusement vos temps libres?	___	___
4. Lorsque vous participez à une activité récréative, est-ce principalement avec des collègues?	___	___
5. Prenez-vous le temps, même sous pression, de vous assurer d'avoir tous les faits avant de prendre une décision?	___	___
6. La plupart de vos amis sont-ils dans le même domaine que vous?	___	___

7. La majorité de vos lectures est-elle reliée à votre travail? ___ ___

8. Travaillez-vous tard plus souvent que vos collègues? ___ ___

9. Parlez-vous travail pendant les pauses ou lors de rencontres sociales? ___ ___

10. Vos rêves sont-ils centrés sur des conflits de travail ou de famille? ___ ___

11. Jouez-vous aussi dur que vous travaillez? ___ ___

12. Devenez-vous agité pendant vos vacances? ___ ___

13. Votre conjoint et vos amis pensent-ils que vous êtes une personne facile à vivre? ___ ___

Si vous avez répondu oui aux douze premières questions et non à la treizième, vous êtes un bourreau de travail accompli. Mais souvenez-vous que ce n'est pas mauvais si cela ne provoque pas de détresse. Pour savoir si votre acharnement au travail est une source négative de stress, répondez à la partie B du questionnaire.

Partie B

	Oui	Non

14. Avez-vous l'impression de mieux communiquer avec vos collègues qu'avec votre épouse ou votre meilleur ami? ___ ___

15. Avez-vous plus de facilité à relaxer le samedi que le dimanche après-midi? ___ ___

16. Amenez-vous du travail chez vous lorsque vous êtes malade? ____ ____

17. Êtes-vous habituellement très contrarié lorsque les autres vous font attendre? ____ ____

18. Demeurez-vous éveillé la nuit en pensant aux problèmes reliés au travail ou à la famille? ____ ____

19. Dans les sports de compétition, vous arrive-t-il de voir le visage de votre superviseur sur la balle? ____ ____

20. Le travail est-il parfois une façon d'éviter des relations intimes? ____ ____

21. Planifiez-vous habituellement toutes les étapes d'un voyage à l'avance et devenez-vous mal à l'aise si votre plan n'est pas respecté? ____ ____

22. Aimez-vous bavarder lors de rencontres sociales? ____ ____

Si vous avez répondu oui aux questions 14 à 21 et non à la question 22, vous n'appréciez probablement pas les longues heures de travail.

Si votre détresse persiste assez longtemps, le résultat presque inévitable sera l'épuisement professionnel (burn-out). Pour connaître les symptômes de l'épuisement professionnel, répondez aux questions suivantes.

Est-ce que :

— je me sens las ou déprimé la plupart du temps?
— je me sens fatigué la plupart du temps?
— j'ai des problèmes à m'alimenter et dormir convenablement?

— je crois qu'il n'y a aucun espoir d'amélioration dans ma situation?

— je me plains constamment?

— je pense que personne ne s'intéresse à moi?

— je me sens tendu, frustré ou fâché la plupart du temps?

— j'ai la sensation d'une pression et d'une compétition intenses au travail?

— je crois que, peu importe ce que je fais, ce ne sera pas suffisant?

— j'ai peur de craquer à tout moment?

La première étape pour affronter la détresse est d'analyser toutes les sources de stress dans votre vie afin de déterminer, en premier lieu, quelles sont les sources positives et négatives et, ensuite, quelles sont les sources que vous pouvez changer et celles auxquelles vous ne pouvez rien. Pour ce faire, faites l'exercice suivant aussi soigneusement que possible. Écrivez vos réponses; ne faites pas l'exercice mentalement.

1. Sur une feuille de papier, faites une liste de tout ce qui cause votre stress (laissez un espace entre chaque élément). Essayez d'en donner au moins cinq.

2. Sur une échelle de 1 à 10 (10 étant le plus haut), déterminez le niveau de stress de chaque élément.

3. Déterminez si cet élément provoque un stress positif (un mariage, une promotion, un bébé, un nouvel emploi) ou négatif (grossièreté, conduire aux heures de pointe).

4. Écrivez les sentiments que vous éprouvez devant chaque situation stressante (colère, frustration, joie, crainte).

5. Identifiez la partie de votre vie la plus affectée par chacun de ces éléments de stress (famille, amis, travail).

6. Ensuite, pour chaque facteur de stress, déterminez si :
   a. vous avez le pouvoir de résoudre le problème. Inscrivez «oui», quand c'est le cas, à côté de chaque élément;

b. vous n'avez pas le pouvoir de changer la situation. C'est hors de votre contrôle, vous ne pouvez rien y faire. Inscrivez alors «non» à côté de l'élément.

LES TECHNIQUES POUR RÉDUIRE LE STRESS NÉGATIF

Une fois que vous avez identifié les sources négatives de stress dans votre vie et que vous avez déterminé celles que vous pouvez influencer, vous êtes sur le bon chemin pour diminuer vos pires tensions.

Votre analyse devrait être suivie de deux étapes supplémentaires:

7. Si vous n'avez pas le pouvoir de changer la source négative de votre stress, oubliez-la. Rejetez mentalement le problème et ne perdez pas votre précieuse énergie en y pensant.

8. Si vous avez le pouvoir de changer la situation, pensez à ce que vous allez faire. Faites-vous un plan d'action.

Ces étapes mettent en pratique la prière de la Sérénité, écrite par Reinhold Niebuhr: «Dieu m'a donné la sérénité pour accepter les choses que je ne peux pas changer, le courage de changer ce que je peux changer et la sagesse pour faire la différence.»

Un des participants à mon séminaire a identifié le problème suivant: «Mon plus gros ennui est l'heure de pointe. Presque tous les jours, je deviens de mauvaise humeur en regardant les bêtises des autres conducteurs.»

C'est probablement une des choses de votre vie sur laquelle vous n'avez aucun pouvoir. Cependant, vous pouvez contrôler votre réaction. Conduisez défensivement. Rappelez-vous de ne pas vous fâcher. Utilisez votre énergie de façon constructive en écoutant votre poste de radio préféré ou une cassette que vous aimez. Vous pouvez aussi voyager avant ou après l'heure de pointe.

Je mène une vie très occupée et très stressante et je me retrouve régulièrement embourbé. J'ai découvert que l'exercice précédent est très efficace pour moi. Si je le fais une ou deux fois par an ou au besoin, il réduit mon stress de moitié et parfois même plus.

Lorsque j'arrive à l'étape six, je peux habituellement rejeter le tiers des choses qui me préoccupent, mettre un frein à certaines et me concentrer sur la situation que je peux changer. Je peux concentrer mon énergie dans la bonne direction et choisir un plan d'action qui diminue de beaucoup mes préoccupations, ma frustration et ma colère.

L'ANALYSE DE LA COLÈRE

Une des émotions négatives les plus courantes est la colère. Plusieurs émotions, comme la crainte, l'anxiété ou la culpabilité, ne commencent pas par la colère; mais elles peuvent être exprimées par la colère. Plusieurs signes de maladie, de dépression ou de tristesse peuvent être causés par une colère refoulée.

L'approche analytique vous donne un bon point de départ pour traiter votre propre colère et celle des autres. Elle peut vous aider à découvrir les causes de la colère et à identifier les stratégies efficaces et inefficaces.

Certaines situations ont plus de chances de vous mettre en colère que d'autres. Peut-être êtes-vous capable d'exprimer votre colère plus facilement dans certaines circonstances? La liste qui suit est incomplète. Il s'agit simplement d'exemples du genre de questions que vous pouvez vous poser pour mieux comprendre votre colère.
Je me mets en colère plus fréquemment:

— *au travail.* Si c'est le cas, donnez des détails. Votre colère vient-elle de vos collègues, de vos subordonnés ou de vos supérieurs?

— *dans des situations impersonnelles.* Certaines personnes ne peuvent exprimer leur colère qu'aux chauffeurs de taxi ou à d'autres personnes qui ne peuvent pas se venger.

— *avec des amis et des connaissances.* Certaines personnes pourront exprimer plus facilement leur colère avec une personne qui n'est pas très intime. Pour d'autres, c'est l'inverse. Plus un ami est proche, plus c'est facile de lui dire: «Je suis furieux.»

— *en société.* Vous pouvez vous sentir plus à l'aise de vous mettre en colère dans une conversation en groupe, et en être incapable avec une seule personne. Ou c'est l'inverse? Vous vous sentez mieux avec une seule personne qu'en groupe.

— *dans une relation intime.* Certaines personnes peuvent exprimer leur colère seulement à leur conjoint. Lorsqu'on leur demande pourquoi, leur réponse est souvent: «C'est la seule personne au monde qui ne me rejettera pas si j'exprime ma colère.»

— *à un moment particulier.* Vous mettez-vous en colère plus souvent le soir? Le matin? Un jour de la semaine, en particulier? Ou durant une saison de l'année? Vérifiez si un événement ou des responsabilités sont associés à ce moment particulier.

Une fois que vous avez identifié les moments et les lieux où vous avez le plus de chances de vous mettre en colère, et les situations où vous pouvez ou ne pouvez pas exprimer vos sentiments, vous êtes prêt à explorer les façons de négocier avec votre colère et celle des autres. Encore une fois, la liste n'est pas complète. Si votre comportement n'y est pas mentionné, ajoutez-le.

POUR TRAITER LA COLÈRE

Encercler la bonne réponse.

Ma propre colère

1. Habituellement, lorsque je suis en colère, je sens que :
   a. j'ai peur de dire quoi que ce soit parce que je ne veux pas blesser l'autre personne.
   b. j'ai peur de parler parce que je risque d'être agressif et parce que les autres ne m'aimeront pas.
   c. je dis ce que j'ai à dire.
   d. je suis anxieux et confus quand je pense à ce que je veux dire.

2. Habituellement, lorsque je suis en colère contre quelqu'un :
   a. je me tais.
   b. je fais allusion à mes sentiments en espérant que la personne concernée comprendra le message.
   c. je dis à la personne directement ce que je veux et je me sens mieux.
   d. j'évite l'autre personne pendant un certain temps pour me calmer et faire passer ma colère.
   e. j'explose et j'engueule la personne.
   f. je rumine pendant des jours. Puis, je laisse exploser ma rage.
   g. j'exprime ma rage sarcastiquement, en donnant mon avis avec humour ou avec un coup de coude.
   h. je passe ma colère sur quelqu'un d'autre, et non sur la personne qui m'a mis en colère.
   i. j'agis comme si j'étais blessé plutôt que d'exprimer ma colère.
   j. je colle une étiquette à l'autre personne plutôt que d'essayer de négocier avec son comportement.

La colère des autres

3. Habituellement, lorsque quelqu'un est en colère contre moi, je sens que :

a. il ne m'aime pas.

b. j'ai peur de lui demander pourquoi.

c. je suis confus et attristé.

d. j'ai le droit de comprendre pourquoi il est en colère contre moi et de lui répondre.

e. je suis blessé et traité injustement.

f. je suis coupable.

4. Habituellement, lorsque quelqu'un se met en colère contre moi :

a. je perds mon sang-froid et je me fâche.

b. je m'efface.

c. je lui demande de s'expliquer ou de répondre de façon directe.

d. je me mets moi aussi en colère et je réponds verbalement.

e. je m'excuse même si je ne comprends pas sa colère.

f. je tourne le tout en farce en essayant de lui faire oublier ce qui vient d'arriver.

g. je lui impose mon silence.

Évaluation

Les réponses suivantes démontrent des croyances et des comportements constructifs : 1. c   2. c et d   3. d   4. c

LES TECHNIQUES POUR AFFRONTER LA COLÈRE

Les opinions et les comportements constructifs sont ceux qui vous permettent de faire respecter vos droits et ceux des autres et d'agir pour éliminer la cause de la colère. Que faites-vous si votre analyse révèle que (a) vous ne pouvez pas exprimer votre colère lorsque vous le voulez, ou (b) vous réagissez à votre colère et à celle des autres de façon non constructive?

Dans le premier cas, vous devez mettre en pratique certains principes de base de psychologie personnelle.

- *Reconnaissez que vous avez le droit d'être en colère et de l'exprimer.*

  La colère ne doit pas nécessairement mener à la violence ou à une plus grande colère. Votre but est d'apprendre à négocier avec la colère de façon constructive, non de l'ignorer ou de la refouler.

- *Ne rationalisez pas votre hésitation à exprimer votre colère.* Des excuses comme : «Je ne dirai rien parce que je peux blesser l'autre personne» sont des justifications pour ne pas faire ce que vous n'avez jamais appris à faire. Au lieu de vous attarder sur les raisons qui vous empêchent d'exprimer votre colère, essayez plutôt d'apprendre à le faire.

Dans le deuxième cas, vous avez besoin de vous renseigner sur les différentes façons constructives d'exprimer votre colère. Puis, vous devez apprendre à les mettre en pratique.

- *Souvenez-vous que votre choix n'est pas limité à exprimer votre colère ou à ne pas l'exprimer.*

  Parfois, vous pouvez utiliser une approche secondaire. Par exemple, votre superviseur vous engueule et vous ordonne de faire quelque chose que vous ne considérez pas comme professionnel. Comptez jusqu'à dix et dites : «Quelque chose ne va pas, monsieur Fortin? Sûrement, car vous ne me parleriez pas sur ce ton.»

- *Lorsque cela est approprié, décidez délibérément de ne pas exprimer votre colère.*

  Au début, exprimer votre colère peut vous donner le sentiment d'être important. Cependant, il y a certains moments où vous ne pouvez pas exprimer votre colère. Par exemple, lorsqu'une personne âgée et fragile se met en colère contre vous, votre réaction coléreuse pourrait mettre sa santé en danger.

- Si votre colère vous rend tendu et nuit à votre travail, évacuez-la en faisant de l'exercice physique (mais pas des sports de compétition!). Cela est efficace quand vous êtes incapable d'exprimer votre colère, par exemple, si l'autre personne est à l'extérieur de la ville.
- Dans votre chambre, frappez sur votre oreiller pendant deux minutes, ou engueulez votre oreiller. Libérez votre colère d'une manière physique inoffensive. Partagez vos sentiments avec la personne qui vous dérange.
- Communiquez. Ne fermez pas la porte.
- Soyez franc au sujet de votre colère et persévérez. Certaines personnes essaient d'exprimer leur colère. Puis, elles abandonnent. Ne vous contentez pas de mentionner que vous êtes en colère pour ensuite laisser tomber; essayez de trouver une solution au problème ou à la situation qui a causé votre colère.
- Si vous avez des problèmes à exprimer votre colère à un proche, écrivez toutes les choses qui vous rendent furieux chez cette personne. Demandez-lui de faire la même chose et rencontrez-vous régulièrement. Ne sautez pas sur le dos de l'autre; discutez simplement des principaux points qui sont sur vos listes. Engagez-vous à écouter l'autre et à essayer de comprendre sa position. Parlez et écoutez à tour de rôle sans vous interrompre.
- Concentrez-vous sur le *comportement* de la personne qui provoque votre colère. N'attaquez pas cette personne; c'est sa façon d'agir qui vous intéresse.
- Trouvez des façons d'agir pour mieux négocier avec votre colère et essayez-les avec une personne en qui vous avez confiance.

LES FAÇONS DE SE COMPORTER ET LEURS EFFETS

Votre habileté à négocier avec votre stress, votre colère et les situations difficiles de façon constructive dépend en grande partie de votre façon de vous comporter habituellement.

Êtes-vous passif ou docile en société? Sacrifiez-vous vos propres besoins? Vous laissez-vous exploiter? Êtes-vous agressif? Ne pensez-vous qu'à satisfaire vos propres besoins? Blessez-vous les autres? Ou avez-vous simplement de l'assurance? Tenez-vous compte de vos besoins et de vos sentiments ainsi que de ceux des personnes qui vous entourent? Afin de déterminer lequel de ces comportements se rapproche le plus du vôtre, pensez à la façon dont vous réagiriez dans le cas suivant:

Vous avez une heure pour aller à la banque et pour dîner. Vous arrivez à la banque et vous vous apercevez que la file d'attente est extrêmement longue. Finalement, vous arrivez au début de la file. Une personne s'arrête alors pour bavarder avec la personne qui se trouve devant vous et elle essaie de s'infiltrer dans la file.

Que faites-vous?

a. Vous ne dites rien.
b. Vous laissez passer cette personne en maugréant contre les personnes qui agissent de la sorte.
c. Vous demandez à la personne d'aller à la fin de la file en expliquant que vous attendez depuis longtemps.
d. Vous l'engueulez et vous lui dites d'aller se mettre à la fin de la file.
e. Vous faites une remarque sarcastique sur son comportement.

Quelle réponse avez-vous choisie? La plus constructive est (c). Quel genre de comportement a adopté la personne qui s'est infiltrée dans la file? Un comportement agressif. Si vous avez choisi (c), pensez-vous que vous avez été vous aussi agressif? Vous ne devriez pas, car tout ce que vous avez fait est de défendre vos droits.

Les comportements décrits dans les exemples (a) à (e) sont respectivement :
  a. le comportement passif
  b. le comportement passif-résistant
  c. le comportement assuré
  d. le comportement agressif
  e. le comportement agressif indirect

Il y a trois principaux types de comportement :

1.   Le comportement passif caractérise les personnes qui expriment rarement, sinon jamais, leurs désirs et leurs besoins. Elles s'occupent plutôt des demandes et des désirs des autres. Elles hésitent à défendre leurs droits. Leur comportement démontre qu'elles ont peu de respect pour elles-mêmes. Par exemple :

> *Marie :*   Où veux-tu aller manger aujourd'hui? On peut aller chez Roberto (mets italiens) ou Au Wok (mets chinois)?
>
> *Suzie :*   Ça m'est égal. (Elle aime les mets chinois.)
>
> *Marie :*   J'ai le goût de manger du spaghetti. Allons chez Roberto!
>
> *Suzie :*   O.K., si tu veux.

Suzie a agi passivement; elle n'a pas laissé savoir à Marie où elle voulait aller. Marie doit deviner. Cela arrive souvent; Suzie demeure silencieuse et Marie décide.

2.   Le comportement agressif caractérise les personnes qui ont peu de respect pour les besoins et les désirs des autres. Tout doit être fait selon leurs désirs. Elles ne tiennent pas compte des autres et elles ont de la difficulté à se mettre à leur place. Elles profitent des autres surtout lorsqu'ils sont faibles. Alors, elles les attaquent et leur donnent le coup de grâce. Par exemple :

Brigitte : Lise, peux-tu me ramener chez moi ce soir?

Lise : Non, je dois aller à l'épicerie après le travail.

Brigitte : C'est parfait. J'ai quelques petites choses à acheter.

Lise : J'aimerais mieux ne pas te ramener ce soir.

Brigitte : Pourquoi?

Lise : Ça me dérange un peu. Je suis déjà pressée.

Brigitte : Je ferais la même chose pour toi! Quelle sorte d'amie es-tu?

Brigitte a le droit de demander à Lise de la reconduire. Mais lorsqu'elle essaie de forcer Lise à le faire, son comportement devient agressif. Brigitte force Lise à se défendre et elle essaie de la rendre coupable lorsque celle-ci refuse d'accéder à sa demande.

La résistance passive et l'agression indirecte sont des variantes de ces deux principaux types de comportement.

La résistance passive est souvent utilisée par les personnes passives qui essayent d'avoir un comportement plus assuré. Elles marmonnent et soupirent beaucoup; elles utilisent des jeux manipulateurs pour arriver à leurs fins. Elles n'ont jamais appris à demander directement ce qu'elles veulent. Par exemple :

Gilles : Robert, peux-tu me conduire au bureau ce matin? (Robert avait planifié son avant-midi et cela le dérangeait beaucoup. Gilles lui avait demandé la même chose plusieurs fois la semaine précédente parce qu'un phare de sa voiture ne fonctionnait pas. Gilles n'avait rien fait pour corriger le problème.)

Robert : Gilles, je t'ai déjà reconduit deux fois cette semaine.

Gilles : Peux-tu faire une exception ce matin?

Robert : (en soupirant longuement) Bon, d'accord!

Le langage du corps de Robert et sa façon de se soumettre cachent une critique : «Regarde les sacrifices que je fais pour toi. Si tu t'occupais mieux de ta voiture, cela n'arriverait pas!» Il n'a pas le courage de formuler son objection ouvertement.

L'agression indirecte est utilisée par les personnes qui veulent exprimer leur hostilité sans souffrir les représailles que l'agression directe provoque souvent. Elles utilisent des méthodes subtiles et sournoises pour arriver à leurs fins, comme le sabotage, le sarcasme, le silence et le commérage. Toutes ces tactiques sont très destructrices pour les deux parties. Par exemple:

David: Mon patron m'a donné un gros travail qu'il veut que je termine pour quatre heures. Je vais laisser de côté certains renseignements importants pour qu'il ne me demande plus de faire ce genre de travail (sabotage).

Bill: Oh oui, Marc est très intelligent . . . il a eu 40 p. cent au dernier examen de marketing (sarcasme).

Linda n'a pas parlé à sa collègue Anne-Louise pendant les quatre jours qui ont suivi leur dispute. Elles n'ont pas réglé leur différend même si Anne-Louise a essayé plusieurs fois d'en parler avec Linda (silence boudeur).

Julie: As-tu entendu parler du mari de Carmen? Il s'est fait arrêter pour ivresse au volant hier soir (commérage).

3. Le comportement assuré caractérise les personnes qui se respectent et qui respectent les autres. Elles se sentent à l'aise d'exprimer leurs besoins aux autres et de défendre leurs droits lorsque c'est nécessaire. Elles reconnaissent aussi les besoins et les droits des autres. Les personnes assurées sont de bons négociateurs. Elles ne s'attendent pas à toujours gagner et sont prêtes à laisser tomber si la question est importante pour l'autre personne.

Par exemple:

> *Marie:* Où veux-tu aller pour dîner aujourd'hui? On peut aller chez Roberto (mets italiens) ou Au Wok (mets chinois).
>
> *Suzie:* Je préfère le Wok. Et toi?
>
> *Marie:* Moi, j'ai envie d'un spaghetti.
>
> *Suzie:* Ça ne me dérange pas de manger du spaghetti. On peut y aller.
>
> *Marie:* On ira Au Wok mardi prochain, d'accord?
>
> *Suzie:* O.K., ça me va!

Essayez d'adopter un comportement assuré la plupart du temps. Personne ne peut vous forcer à renoncer à vos droits. La seule personne qui peut renoncer à vos droits, c'est vous. Vous vous diminuez en tant que personne si vous abandonnez vos droits à une autre personne, à moins d'avoir décidé que c'est la meilleure solution pour les deux parties.

LES FAÇONS DE SE COMPORTER ET LES RÔLES TRADITIONNELS

LES FEMMES

Plusieurs femmes agissent encore comme leur mère et comme leur grand-mère. Elles croient qu'un comportement passif convient mieux à une femme et qu'une femme qui rivalise ou qui devient trop puissante n'est pas féminine.

Les femmes qui ont du succès en affaires ont dû rejeter ce comportement traditionnel pour acquérir plus d'assurance. Certaines cependant, dans leur tentative pour changer, sont allées à l'autre extrême et sont devenues agressives.

LES HOMMES

De l'autre côté, plusieurs hommes ont gardé la croyance traditionnelle que leur rôle dans la vie est d'être fort, compétitif et agressif. Pour s'adapter aux nouvelles pensées et aux nouvelles situations dans le monde des affaires, ces hommes doivent changer. Ils doivent agir de façon moins agressive et doivent apprendre à écouter de plus en plus leurs sentiments et ceux de autres.

Comment les personnes passives se sentent-elles?

Les personnes qui adoptent normalement un comportement passif se sentent probablement:

- En colère — Elles savent que les autres profitent d'elles.
- Frustrées — Elles obtiennent rarement ce qu'elles veulent.
- Isolées — Elles croient que personne ne les écoute.
- Peu sûres d'elles-mêmes et inférieures — Elles manquent de confiance en elles-mêmes, elles sont inconscientes de leurs habiletés et elles hésitent à essayer de nouvelles choses par peur d'échouer.
- Anxieuses — Elles croient qu'elles ont peu de contrôle sur leur vie.
- Abattues — Elles croient qu'il ne sert à rien d'essayer; elles n'auront pas ce qu'elles veulent de toute façon.
- Incapables de reconnaître leurs sentiments — Elles cachent leurs sentiments de peur et d'incompétence en prétendant que tout va bien.
- Coupables de se dévaluer — Elles ont de la difficulté à accepter un simple compliment et elles ont tendance à sous-estimer la valeur de ce qu'elles font.
- Peu énergiques — Il n'y a pas d'étincelles dans leur vie.
- Elles font habituellement ce que les autres veulent qu'elles fassent plutôt que de faire ce qu'elles veulent.

Ces personnes croient qu'elles ne sont pas bien mais que vous l'êtes.

Comment les personnes agressives se sentent-elles?

Les personnes qui adoptent normalement un comportement agressif se sentent probablement:

- Puissantes (à court terme) — Elles aiment voir les gens se précipiter pour faire ce qu'elles veulent.
- Coupables (éventuellement) — Elles savent qu'elles profitent des autres.
- Menacées — Elles font constamment savoir aux autres qu'elles sont bonnes, intelligentes, fortes, etc. Elles le font parce que les autres pourraient bien apprendre qu'elles ne sont pas aussi bonnes qu'elles le prétendent.
- Elles essaient de se rendre importantes en abaissant les autres.
- Meilleures — Elles sont convaincues que les seules idées qui méritent d'être écoutées sont les leurs.
- Critiques — Elles blâment les autres lorsque les choses vont mal.
- Solitaires — Leur agressivité les isole des autres.
- Excessivement énergiques — Elles dépensent leur énergie dans la mauvaise direction en faisant des choses destructives plutôt que constructives.

Ces personnes croient qu'elles sont bonnes et que vous ne l'êtes pas. Celles qui sont à la limite du comportement agressif (les criminels) croient qu'elles ne sont pas bonnes mais que vous ne l'êtes pas non plus.

Comment les personnes assurées se sentent-elles?

Les personnes qui adoptent normalement un comportement assuré se sentent probablement :

- Positives — Elles approchent toutes les nouvelles tâches ou les nouvelles idées avec une attitude positive plutôt que négative.
- Calmes — Elles sont en paix avec elles-mêmes et avec les autres.
- Enthousiastes — Elles complètent leurs tâches avec entrain et elles ont confiance en elles.
- Fières — Elles font ce qu'elles ont à faire sans voler les idées des autres ou sans les écraser. Elles peuvent prendre tout le mérite pour ce qu'elles font.

- Honnêtes — Lorsqu'elles disent qu'elles vont faire quelque chose, elles le font. Ainsi, les autres leur font confiance.
- Directes — Elles n'utilisent pas la manipulation pour obtenir ce qu'elles veulent. Elles font face aux situations et elles réussissent généralement ce qu'elles entreprennent.
- Confiantes — Elles prennent des risques mais elles connaissent leurs limites. Elles savent qu'il est normal de se tromper et elles sont prêtes à apprendre de leurs erreurs.
- Satisfaites — Elles savent où elles s'en vont et comment y arriver; ainsi, elles atteignent généralement leurs buts.
- Maîtresses d'elles-mêmes — Elles ont rarement des sautes d'humeur qui affectent négativement leur communication et leur comportement avec les autres.
- Capables de reconnaître leurs sentiments — Elles peuvent expliquer aux autres ce qu'un comportement déplaisant leur fait.
- Capables de respecter les autres — Elles reconnaissent que les autres ont des besoins et des droits, tout comme elles.
- Énergiques — Leur énergie est dirigée vers l'atteinte de leurs buts.

Ces personnes croient qu'elles sont bonnes et vous aussi.

Les conséquences des différentes façons de se comporter

Il est utile de savoir comment les autres peuvent réagir à votre comportement.

Le comportement passif

Le comportement passif peut rendre les autres agressifs. Les gens peuvent fuir quelqu'un qui renonce constamment à ses désirs. Ils n'aiment pas le sentiment de culpabilité que provoque la personne passive qui laisse les autres abuser d'elle.

Par exemple, Sarah devait s'occuper du remplacement de la réceptionniste du bureau pendant les pauses café et le dîner. Sur une liste, Sarah avait quatre employées qui pouvaient remplir cette tâche. Certaines étaient malades ou les autres n'avaient pas le temps cette semaine-là. C'est pourquoi Marie dut remplacer Julie toute la semaine. Marie prit du retard dans son propre travail et elle fut obligée de faire des heures supplémentaires deux jours durant cette semaine-là.

Le même problème se présenta la semaine suivante et Sarah dut compter encore une fois sur Marie. Marie accepta de bon coeur de travailler la deuxième semaine. Sarah fut terriblement gênée de demander à Marie de remplacer encore durant la troisième semaine, et Marie accepta à contrecoeur.

Par la suite, chaque fois que Sarah rencontrait Marie, elle se sentait coupable. Elle réalisa que, même si elle était normalement une personne assurée, elle avait l'impression d'avoir profité de Marie (qu'elle avait agi agressivement) et elle se sentait coupable. Pour combattre son sentiment de culpabilité, elle évitait Marie et n'avait plus de contacts avec elle.

Marie avait aidé Sarah parce qu'elle voulait se faire aimer, mais le résultat final fut une réaction négative (tout à fait le contraire de ce qu'elle voulait). Les personnes passives ont souvent une réaction imprévue à leurs bonnes actions et se demandent ce qui ne va pas ou comment elles ont pu blesser les autres.

Négocier avec les personnes passives peut aussi rendre les autres :

- Agacés — Ils aimeraient que vous preniez votre place et vos propres décisions.

- Distants — Ils vous évitent parce que votre attitude négative les empêche de garder leur attitude positive.
- Supérieurs — Ils perdent le respect qu'ils éprouvaient à votre égard parce que vous n'êtes pas prêt à défendre vos opinions.
- Fatigués — Ils perdent beaucoup d'énergie à négocier avec la réaction négative que vous leur faites vivre.

Le comportement agressif

Un comportement agressif peut rendre les autres :
- En colère et intimidés — Ils n'apprécient pas vos tactiques malhonnêtes.
- Frustrés — Ils perdent une énergie considérable à se défendre contre vos abus.
- Distants — Ils vous évitent, car lorsque vous êtes là, ils sentent qu'ils doivent être sur la défensive.
- Anxieux et sur la défensive — Ils ne peuvent pas relaxer, car ils doivent se préparer pour une prochaine attaque.
- Rancuniers — Ils n'apprécient pas le pouvoir que vous semblez avoir sur eux.
- Blessés — Ils ne peuvent pas s'empêcher d'être touchés par vos commentaires blessants même s'ils savent très bien qu'ils sont faux.
- Humiliés — Ils n'aiment pas être corrigés ou paraître idiots en public.
- Fatigués — Ils perdent une énergie considérable à se préparer à votre prochaine attaque.

Le comportement assuré

Un comportement assuré peut rendre les autres :
- Positifs — Ils sentent que vous serez content s'ils réussissent.
- Confiants — Ils vous font confiance parce que vous leur dites toujours ce que vous pensez.

- Coopératifs — Ils répondent par un comportement positif direct en essayant de vous aider.
- Respectueux — Ils vous retournent le respect que vous montrez pour leurs besoins et leurs droits.
- Énergiques — Ils peuvent utiliser leur énergie de façon constructive, car ils n'ont pas à jouer de jeux.

Qui gagne?

Les personnes assurées atteignent-elles habituellement leurs buts? Oui, car elles visent la satisfaction des deux parties. Elles croient en l'égalité et sont prêtes à négocier.

Les personnes passives atteignent-elles habituellement leurs buts? Non, car elles ont rarement des objectifs précis. Elles s'attendent à ce que les autres s'occupent d'elles.

Les personnes agressives atteignent-elles habituellement leurs buts? Quelquefois, à court terme. Mais par la suite, elles doivent souvent faire face à de l'opposition et à des représailles.

L'analyse de l'assurance

Vos réponses aux questions suivantes vous aideront à identifier les domaines où vous avez de la difficulté à vous affirmer.

Négocier avec les personnes en position d'autorité

1. Lorsque j'ai besoin d'un renseignement ou de l'aide d'un professionnel très occupé, je sens que:
   a. je suis aussi important que lui et je devrais recevoir une attention immédiate.
   b. je devrais m'excuser de prendre de son temps.
   c. je ne devrais pas l'appeler à moins que ce soit absolument nécessaire.
   d. je devrais aborder directement le sujet et demander ce que je veux.

2. Lorsque j'ai besoin d'un renseignement ou de l'aide d'un professionnel très occupé, je pense qu'il:

a. me fera sentir inférieur.

b. sera content de mon intérêt.

c. m'en voudra de lui faire perdre son temps.

Dire non aux autres

3. Si quelqu'un me demande un service et que je refuse, habituellement :

a. je me confonds en excuses et je lui dis que j'aimerais mieux ne pas le faire.

b. je le fais quand même.

c. je lui dis que j'aimerais mieux ne pas le faire.

d. j'invente des excuses pour ne pas le faire.

e. je lui dis que je n'apprécie pas sa demande et je le fais à contrecoeur.

4. Si je refuse de rendre service à quelqu'un, je pense qu'il :

a. fera comme si de rien n'était, mais qu'il m'en voudra secrètement.

b. me haïra.

c. pensera que je ne l'aime pas.

d. sera fâché contre moi.

e. comprendra.

f. hésitera à me demander quelque chose à nouveau.

Demander quelque chose à quelqu'un

5. Lorsque je dois demander à quelqu'un de faire quelque chose pour moi, habituellement :

a. j'explique en m'excusant pourquoi j'ai besoin d'aide.

b. je demande directement ce que je veux, tout en sachant qu'il peut refuser.

c. je demande quelque chose pour moi, seulement quand c'est absolument nécessaire.

d. j'insiste pour qu'il le fasse.

e. je lui rends des services en espérant qu'il fera la même chose pour moi.

6. Lorsque je dois demander à quelqu'un de faire quelque chose pour moi, habituellement je sens que :

    a. j'ai peur de lui demander, car il pourrait dire non.
    b. je l'ennuie en le mettant dans une situation difficile.
    c. c'est bien de demander mais qu'il peut dire non.
    d. il devrait faire ce que je lui demande.

Communication

7. Lors de rencontres sociales où je ne connais personne, habituellement :
    a. je me dirige vers le buffet, je me verse un verre ou je fume une cigarette pour montrer que j'ai du plaisir.
    b. je me présente à quelqu'un qui me semble intéressant.
    c. j'attends que quelqu'un me parle.
    d. je reste seul à l'écart.
    e. je me mets un abat-jour sur la tête ou j'attire l'attention autrement.

8. Lors d'une rencontre sociale où je ne connais personne, habituellement :
    a. je pense à une façon d'attirer l'attention.
    b. je suis inquiet de ne pas savoir quoi dire si quelqu'un me parle.
    c. je veux rencontrer de nouvelles personnes.
    d. je m'inquiète de ce que personne ne me parle.
    e. je pense que tout le monde est détendu sauf moi.
    f. je ne me sens pas à ma place et je crois que tout le monde le sait.

Évaluez-vous. Les réponses suivantes démontrent une attitude ou des actions assurées :
1. d 2. b 3. c 4. e 5. b 6. c 7. b 8. c

    Si vous n'avez pas bien réussi, ne vous en faites pas. Personne n'est parfait. Regardez vos réponses. Dans les situations où vous avez répondu de façon assurée, vous n'avez aucun problème à vous affirmer. Dans les situations où vous n'avez pas répondu de façon assurée, essayez d'identifier des situations spécifiques de votre vie qui entrent dans ces catégories de problèmes. Relisez les questions et essayez de trouver quelle croyance irrationnelle vous empêche de vous affirmer.

LES APPROCHES POUR RÉSOUDRE UN CONFLIT

Nous avons vu que plusieurs conflits et insatisfactions sont provoqués parce que la personne sent qu'elle doit se défendre contre un agresseur ou qu'elle a profité par inadvertance d'une personne trop passive. L'habileté à se comporter avec assurance, plutôt qu'agressivement ou passivement, peut réduire considérablement le niveau de conflit et de stress dans votre vie. Cependant, les conflits ne peuvent être totalement évités.

Lorsqu'ils se produisent, les principes du comportement assuré, qui sont si efficaces pour prévenir les conflits, peuvent aussi vous aider à les résoudre.

Les principales approches pour résoudre les conflits sont :

1. *La compétition.* Une personne ou un groupe gagne et l'autre perd.

2. *La soumission.* Une personne refuse d'exprimer ses désirs et se plie simplement aux demandes de l'autre.

3. *Le compromis/collaboration.* Chaque personne reconnaît les droits de l'autre. Chacun doit céder sur certains points, mais il est entendu que la solution doit prendre en considération les besoins et les désirs des deux personnes.

Il n'y a aucun sentiment de compétition dans la dernière approche. Il y a plutôt un sentiment de coopération et de camaraderie entre les participants. Cette attitude utilise les talents des deux personnes et reconnaît leurs droits respectifs.

Vous connaissez maintenant certains principes de base du comportement humain — le vôtre et celui des autres.

Vous serez en mesure de mettre votre mécanisme de défense hors circuit lorsque vous serez confronté à des commentaires et à des actions négatives. L'outil qui vous permettra d'utiliser efficacement ces connaissances est votre habileté à communiquer avec ceux qui vous entourent. Dans les deux prochains chapitres, nous apprendrons des techniques spécifiques de communication dont vous aurez besoin pour négocier avec les personnes difficiles.

CHAPITRE DEUX

LES TECHNIQUES DE BASE DE COMMUNICATION

Il existe plusieurs techniques qui peuvent vous aider à négocier avec les gens difficiles. Si vous trouvez qu'on vous comprend souvent mal ou que vous comprenez mal les autres, vous devriez pratiquer et utiliser les techniques suivantes.

LA PARAPHRASE

La paraphrase permet d'exprimer un message en d'autres mots, de le formuler autrement, de le transmettre sous une autre forme, de l'expliquer.

Nous utilisons la paraphrase normalement pour des choses simples, comme pour répéter un numéro de téléphone lorsque nous le prenons en note.

L'utilisation de la paraphrase est essentielle lorsque deux personnes discutent. Malheureusement, lorsque l'information n'est pas claire, nous faisons souvent des suppositions. Nous ne vérifions pas avec l'autre si ce que nous avons compris est vraiment ce qu'il voulait dire.

On vous donne des indications pour vous rendre chez quelqu'un. Vous négligez d'utiliser la paraphrase pour vérifier si vous avez bien compris; puis vous vous perdez. Ce scénario vous est-il familier?

Voici un exemple de deux personnes qui se parlent, mais qui ne se comprennent pas:

Paul: Léo n'a pas eu l'emploi qu'il voulait.

Johanne: Il n'a pas eu l'emploi qu'il voulait?

Paul: Non, et il est très contrarié.

Dans cette conversation, Johanne pensait utiliser la paraphrase mais tout ce qu'elle faisait était de répéter ce que Paul disait. Elle aurait plutôt dû se demander ce que la phrase de Paul signifiait. Voici quelques suppositions qu'elle aurait pu faire:

— Léo demandait trop d'argent.

— Il était trop qualifié pour le poste.

— Il n'était pas assez qualifié pour le poste.

— Il a raté son entrevue.

— Un autre candidat était meilleur que lui.

— Une carrière différente lui conviendrait mieux.

Si elle avait défini ce que la phrase signifiait pour elle (Léo a raté son entrevue) et si elle avait utilisé la paraphrase, la conversation précédente se serait déroulée comme ceci:

Paul: Léo n'a pas eu l'emploi qu'il voulait.

Johanne: Tu veux dire qu'il a raté son entrevue?

Paul: Non, il a appris qu'ils avaient déjà choisi quelqu'un pour le poste avant qu'il passe son entrevue.

Johanne: Je suis désolée d'entendre ça.

Paul: Oui, et il est très contrarié.

Vous pouvez voir la différence entre les deux conversations. Dans la première, Paul et Johanne ne vérifient pas l'un avec l'autre leurs opinions personnelles. Paul croit que Johanne sait que Léo n'a pas eu l'emploi parce que quelqu'un avait déjà été choisi pour le poste. D'autre part, Johanne croit que Paul a confirmé son opinion que Léo avait raté son entrevue. Cela peut causer des problèmes par la suite. Dans une conversation avec un autre ami, Johanne peut raconter qu'elle et Paul sont d'accord pour dire que Léo a raté son entrevue. Honnêtement, elle croit dire la vérité.

Ce genre de problème se produit dans plusieurs conversations. Demandez plus de renseignements si vous n'êtes pas certain de ce que la personne veut dire ou utilisez la paraphrase pour éliminer les confusions. Vous utilisez probablement déjà cette technique, mais vous n'en êtes pas conscient. Si quelqu'un vous a déjà dit: «Non, ce n'est pas ce que je veux dire!», vous avez déjà utilisé la paraphrase sans le savoir. Utilisez-la souvent. Elle diminue les problèmes de communication.

C'est aussi un excellent outil pour négocier avec les clients en colère. Si vous écrivez les détails de la situation que vous essayez de corriger, vous avez moins de chance de perdre votre énergie à vous défendre. Une fois que le client vous a donné toute l'information dont vous avez besoin pour résoudre le problème, utilisez la paraphrase pour lui montrer que vous le comprenez. Votre client se calmera probablement et vous pourrez l'aider.

UTILISER LA PARAPHRASE QUAND VOUS DEVEZ FORMER D'AUTRES PERSONNES

Si vous avez déjà eu la responsabilité de former d'autres personnes, vous avez probablement dû expliquer la même chose plusieurs fois. La paraphrase est un outil très efficace dans ce cas, surtout s'il s'agit d'auditeurs paresseux. Pour aider ces personnes à se rappeler de ce que vous leur avez appris, suivez ces instructions:

1. Donner des instructions courtes et séquentielles.
2. Dites: «Pour m'assurer que ce que je dis est bien clair, pourrais-tu m'expliquer ce que tu fais?»

3. Si votre apprenti est incapable de réciter les étapes du travail qu'il doit exécuter, répétez les instructions.

4. Demandez à nouveau à votre apprenti de réciter les étapes de ce qu'il doit faire.

Vous découvrirez que la capacité d'écoute des apprentis augmente considérablement lorsque vous utilisez cette technique. Ils sauront que lorsque vous leur montrer à faire quelque chose de nouveau, ils seront testés pour voir s'ils ont bien écouté et vous découvrirez que donner des instructions devient beaucoup plus facile.

Cependant, n'oubliez pas que vous avez la responsabilité de donner des instructions claires. Évitez les questions comme :

- «Comprenez-vous?» (Les gens peuvent simplement répondre oui. Si vous voulez vérifier, faites-leur répéter les instructions.)
- «Explique-moi ce que je veux que tu fasses.» (C'est trop autoritaire; cela ne fera que rebuter les gens.)
- «As-tu pigé?» (Cela les dévalorise; les gens n'apprécieront pas l'insinuation qu'ils sont stupides.)

Si vous pensez que les gens vous comprennent mal, il vaut mieux en faire votre problème. Pour ce faire, vous pouvez dire quelque chose comme :

- «Voyons si mes instructions sont claires.»

Vous pouvez aussi leur demander s'ils ont des questions.

Ceux qui sont responsables de la formation du personnel ont probablement souvent levé les bras au ciel. Chez certaines personnes, l'information semble entrer par une oreille et sortir par l'autre. Plusieurs gens exigent qu'on leur répète constamment les instructions. Ces personnes peuvent être des mauvais auditeurs.

L'information a plus de chance d'être assimilée si l'entraîneur utilise une variété de méthodes d'apprentissage.

Celles-ci pourraient inclure des outils visuels comme des films, des diapositives ou des tableaux. Pour aider les apprentis à mieux comprendre les connaissances que vous souhaitez leur transmettre, assurez-vous qu'ils utilisent leurs connaissances le plus tôt possible.

Souvenez-vous qu'un apprenti retient :
- 10 p. cent de ce qu'il lit (notes, manuels);
- 20 p. cent de ce qu'il entend (ce qu'on lui explique);
- 30 p. cent de ce qu'il voit (démonstration);
- 50 p. cent de ce qu'il lit, entend et voit;
- 70 p. cent de ce qu'il lit, entend, voit et explique à quelqu'un d'autre;
- 90 p. cent de ce qu'il lit, entend, voit, explique à quelqu'un d'autre et fait lui-même.

Les gens passent par quatre stades bien définis lorsqu'ils apprennent quelque chose. Ces stades sont :

1. **L'incompétence inconsciente** — Vous n'êtes même pas conscient qu'il vous manque une habileté. Par exemple, vous ne saviez peut-être pas que la technique de la paraphrase existait.

2. **L'incompétence consciente** — Vous êtes conscient qu'il vous manque une habileté. Par exemple, avant d'apprendre à utiliser un ordinateur, vous saviez que vous ne pouviez pas en utiliser un.

3. **La compétence consciente** — Vous connaissez les techniques, mais vous devez vous arrêter et penser avant d'agir («Est-ce que j'entre la disquette avant d'allumer l'ordinateur?»)

4. **La compétence inconsciente** — L'habileté est maintenant bien établie et automatique. Vous n'avez probablement plus à penser à ce que vous faites lorsque vous utilisez un ordinateur. Vous le faites automatiquement.

Il faut six semaines pour assimiler une nouvelle procédure et il faut jusqu'à trois mois pour assimiler une façon différente de faire une chose à laquelle vous étiez habitué. Les éléments suivants font tous partie du processus de communication.

- Ce que je veux dire et ce que je pense que je dis.
- Ce que je dis vraiment.
- Ce que les autres pensent entendre.
- Ce que les autres veulent répondre ou pensent qu'ils répondent.
- Ce que les autres répondent vraiment.
- Ce que je pense entendre d'eux.

LES DIFFÉRENTES INTERPRÉTATIONS D'UN MOT

Plusieurs mots signifient des choses différentes pour chaque personne. Par exemple, si je vous invite à dîner chez moi demain, à quelle heure arriverez-vous? À midi, à une heure, à six heures ou à huit heures? Certaines personnes dînent le jour, d'autres le soir.

Si je demande à des personnes de l'Alaska et de la Floride de décrire un blizzard, pensez-vous que leur description sera la même? Bien sûr que non. Chaque personne a une expérience différente du mot. (Un adolescent pourrait très bien décrire un blizzard comme une sorte de crème glacée!)

LES INTERPRÉTATIONS DES HOMMES ET DES FEMMES

Le même mot a souvent des significations différentes pour les hommes et pour les femmes. J'étais avec un groupe de gens lorsqu'une jeune femme discutait de ses projets de carrière. Elle racontait qu'elle avait passé une entrevue le matin. Son ami lui demanda si elle aimerait avoir l'emploi.

Elle répondit: «Ce serait un vrai défi.»
Son ami lui demanda: «Donc, tu n'accepteras pas l'emploi?»
Elle dit: «Certainement, si on me l'offre! Comme j'ai dit, c'est tout un défi!»

«Je ne comprends pas pourquoi tu l'accepterais!» répéta-t-il.

«Parce que c'est un défi!», insista-t-elle.

La conversation continua et tourna en chicane. Nous restions assis en nous demandant pourquoi ils se chicanaient. Il devint soudainement évident qu'ils ne discutaient pas de la même chose. Pour clarifier la situation, on leur demanda d'expliquer ce que le mot «défi» signifiait pour chacun d'eux.

Pour la femme, le mot «défi» signifiait:
- Une occasion de développer et d'utiliser son plein potentiel;
- Quelque chose d'excitant;
- Une occasion de s'affirmer.

Pour elle, il s'agissait d'un mot positif.

D'un autre côté, pour son compagnon, le mot signifiait:
- Quelque chose qui l'empêche d'obtenir ce qu'il veut;
- Un prélude à une bagarre.

Pour lui, il s'agissait d'un mot négatif.

Après cette constatation, le groupe a essayé d'identifier des mots qui avaient des significations différentes pour les hommes et pour les femmes. Nous en avons trouvé quelques-uns et j'en cherche toujours d'autres. En voici quelques-uns:

macho

Pour la plupart des hommes, il signifie:
- fort et catégorique, un meneur, un homme que l'on respecte;
- celui qui donne le ton; un modèle.

Pour la plupart des femmes (et certains hommes), il signifie:
- chauvin, un homme qui se croit supérieur aux femmes;
- étroitesse d'esprit;

- enclin à l'intimidation;
- vaniteux, un homme qui ne peut pas passer devant un miroir sans s'arrêter pour s'admirer.

Doux

Pour la plupart des femmes, il signifie :
- tendre, énergique, à l'écoute des autres;
- hésitant à profiter des autres;
- fiable, sans prétention, digne de confiance, généreux.

Pour la plupart des hommes, il signifie :
- mentalement faible ou mou, une pâte molle;
- indécis, facile à manipuler;
- passif;
- physiquement faible.

LA RÉTROACTION (FEEDBACK)

La rétroaction est utile dans les situations positives et négatives. Reconnaître un travail bien fait ou faire un compliment à quelqu'un sont des exemples de rétroaction positive. Nous nous concentrerons sur l'utilisation de la rétroaction dans les situations négatives ou difficiles.

Utilisez la rétroaction si vous êtes contrarié ou ennuyé par ce que quelqu'un a fait. Vous identifiez ce qui vous ennuie et vous lui donnez la chance d'y remédier. Nous sommes injustes envers les autres lorsque nous ne leur disons pas ce qui ne nous convient pas.

Examinez la série d'événements suivants :
- Lorsqu'une personne fait quelque chose qui vous ennuie, une petite lumière jaillit sur votre «écran d'ennui». Parce qu'il s'agit seulement d'une petite étincelle, vous décidez de ne rien dire.
- La personne fait encore quelque chose qui vous ennuie et une autre lumière, plus grande, apparaît sur votre «écran».

- Les étincelles s'accumulent rapidement, puis vous éclatez devant cette personne. Un petit incident insignifiant peut déclencher cette réaction.

Il aurait mieux valu s'occuper de chaque étincelle immédiatement et empêcher ainsi qu'elles s'accumulent.

La rétroaction est utile dans plusieurs circonstances différentes. Par exemple, vous devriez:

- Indiquer aux autres que vous ne comprenez pas ce qu'ils disent.
- Faire savoir aux autres lorsque vous êtes d'accord avec ce qu'ils disent ou ce qu'ils font.
- Dire aux autres lorsque vous êtes en désaccord avec eux.
- Faire savoir aux autres que vous pensez qu'ils ont changé de sujet ou qu'ils tournent en rond.
- Laisser savoir aux autres que vous êtes ennuyé.
- Informer les autres lorsque vous êtes blessé ou embarrassé.

La rétroaction peut aussi vous aider à rester à l'écoute de vos réactions pour que vous en preniez conscience avant qu'elles ne deviennent des sentiments néfastes de frustration, de colère, de douleur, de défense, de lassitude, de crainte, de dépression, de dépendance, de faiblesse ou de vulnérabilité. La plupart des femmes se sentent à l'aise d'admettre qu'elles ont de tels sentiments; mais les hommes ont été conditionnés à croire qu'il s'agit d'une faiblesse. Cela limite leurs possibilités d'exprimer leurs sentiments. Plusieurs réagissent comme s'ils étaient en colère. C'est une réaction acceptable parmi les hommes alors qu'en réalité, ils se sentent blessés, vulnérables ou craintifs. Leur comportement ambitieux déroute les femmes et augmente le manque de communication entre les hommes et les femmes. Lorsqu'un homme semble contrarié, la femme demande souvent: «Qu'est-ce qui ne va pas?» La réponse de l'homme est souvent: «Rien» ou «Je ne veux pas en parler.» Cela provoque un sentiment de rejet chez la femme.

Ce manque de communication peut être réduit si l'homme s'arrête et analyse ses sentiments avant de réagir.

Soyez sélectif lorsque vous utilisez la rétroaction. Demandez-vous : «Est-ce que je m'apprête à vider mon sac sans ménagement? Ma réaction est-elle injuste ou exagérée?» La rétroaction doit être immédiate et spécifique. Ne gardez pas vos griefs et ne dites pas trop de choses en même temps à une personne. Le destinataire de la rétroaction doit aussi pouvoir faire quelque chose pour corriger le problème.

Pour être efficace, il doit y avoir un bon niveau de confiance entre l'émetteur et le receveur de la rétroaction. Autrement, la rétroaction peut être interprétée comme une attaque personnelle. Le receveur peut y voir seulement une critique et réagir défensivement plutôt que d'écouter ce que vous avez à dire.

Voici quelques directives générales pour utiliser la rétroaction :

1. ***Assurez-vous que le receveur est prêt.*** La rétroaction doit être faite lorsque le receveur est disposé à écouter. Si ce n'est pas le cas, le receveur ne vous écoutera pas ou il risque de mal interpréter vos commentaires.

2. ***Basez vos commentaires sur les faits et non sur les émotions.*** La rétroaction joue le rôle d'un reportage. Elle rapporte les faits plutôt que les impressions sur ce qui est arrivé ou sur ce que la personne voulait dire.

3. ***Soyez spécifique.*** Rapportez des paroles et donnez des exemples de ce que vous voulez dire.

4. ***La rétroaction doit se faire aussitôt que possible après l'événement.*** Plus la rétroaction est faite immédiatement après l'événement, mieux c'est. Si la rétroaction se fait immédiatement, le receveur a plus

de chances de bien comprendre ce que vous voulez dire. Les sentiments qui accompagnent l'événement sont encore présents et cela peut aussi vous aider.

5. ***Choisissez le bon moment.*** La rétroaction se fait lorsque la personne est bien disposée à écouter. Elle sera inefficace si l'attention du receveur est ailleurs.

6. ***Choisissez un endroit privé.*** La rétroaction critique devant d'autres personnes sera dommageable plutôt qu'utile.

7. ***Concentrez-vous sur ce qui peut être changé.*** La rétroaction devrait porter sur les choses qui peuvent être changées, si le receveur le veut bien sûr.

8. ***Demandez la coopération.*** Le receveur peut examiner la possibilité d'effectuer certains changements en se fiant sur les renseignements que vous lui donnez mais vous pouvez souhaiter certains changements mais vous avez peu de chances de réussir si vous donnez l'impression de dire: «Je t'ai dit que c'est mal et maintenant, tu dois changer!»

9. ***Concentrez-vous sur une chose à la fois.*** Lorsque vous apprenez à faire une rétroaction, vous pouvez parfois exagérer. C'est comme si vous disiez au receveur: «J'ai une liste de critiques ici et j'aimerais t'en faire part.» Le receveur préférerait naturellement avoir du temps pour penser à chaque élément et il peut être contrarié par vos attentes trop grandes.

10. ***Soyez utile.*** Considérez toujours les raisons qui vous motivent en donnant votre opinion. Essayez-vous d'aider le receveur ou videz-vous simplement votre sac? Utilisez-vous cette occasion pour amener le receveur à faire quelque chose pour vous? Par exemple, si vous êtes en colère et si vous voulez l'exprimer, faites-le; mais donnez une description du comportement qui a causé votre colère.

11. ***Encouragez le receveur à fournir une rétroaction.***
La rétroaction peut être plus avantageuse pour l'émetteur. Parce que l'émetteur se concentre sur le potentiel d'amélioration de la personne, le receveur peut se sentir abaissé. L'échange sera plus équilibré si le receveur a une chance d'y inclure ses propres sentiments et ses inquiétudes.

Voici quelques directives pour recevoir la rétroaction :

1. ***Exprimez ce dont vous voulez discuter.*** Aidez l'émetteur à fournir des réactions utiles en lui demandant une rétroaction sur un sujet précis.

2. ***Vérifiez ce que vous avez entendu.*** Utilisez la paraphrase pour vous assurer de bien comprendre le message de l'émetteur.

3. ***Partagez vos réactions à la suite de la rétroaction.*** Comme vos propres sentiments sont engagés, vous pouvez oublier de partager vos réactions face à la rétroaction que vous avez reçue. Savoir ce qui était utile et ce qui ne l'était pas peut aider l'émetteur à améliorer son habileté. Si l'émetteur ne connaît pas vos réactions, il peut hésiter à partager son opinion dans le futur.

Voici un exemple de rétroaction :

Une réceptionniste avait un problème qu'elle ne savait pas comment résoudre. Elle prenait les messages pour tout le personnel du bureau. Un client en particulier, monsieur Samuel, avait téléphoné à plusieurs reprises pour parler à monsieur Jacob. Elle transmettait les messages rapidement. La quatrième fois qu'il téléphona, monsieur Samuel l'accusa de ne pas transmettre ses messages à monsieur Jacob. Elle se demandait ce qu'elle devait faire dans cette situation, car il était probable qu'elle se présente à nouveau. Que lui suggéreriez-vous de dire à monsieur Samuel la prochaine fois qu'il téléphone?

Avez-vous remarqué qu'elle essayait de régler le mauvais problème? Le problème était son superviseur, M. Jacob, et non M. Samuel. Lorsque je lui demandai si elle avait déjà pensé à parler à son superviseur au sujet de ce problème, elle répondit : «Non, je ne pourrais pas.»

Puis je lui demandai : «Comment la situation peut-elle changer s'il ne sait pas que son comportement vous dérange? Vous ne lui donnez même pas la chance de régler le problème.»

Voici les trois étapes du processus de la rétroaction :

1. Décrire le problème ou la situation à la personne qui cause le problème.

2. Définir les sentiments ou les réactions (colère, tristesse, anxiété, contrariété) provoqués par le comportement problématique.

3. Suggérer une solution ou demander à la personne d'en fournir une.

Dans le cas de la réceptionniste, elle avait peut-être envie de dire : «Espèce d'idiot, tu ne retournes jamais tes messages téléphoniques!»; mais ce genre d'accusations n'aurait fait que rebuter son superviseur. Elle devrait plutôt essayer d'obtenir sa coopération pour régler le problème. Elle devrait dire : «J'ai un problème et j'ai besoin de vous pour le résoudre. Monsieur Samuel a téléphoné quatre fois et il est très contrarié parce que vous n'avez pas retourné ses appels. Il croit que c'est de ma faute. Que devrais-je lui dire la prochaine fois qu'il appelle?»

Dans cette transaction, les étapes suivantes ont été adoptées :

1. Le problème : il ne retourne pas ses appels.

2. Ses sentiments ou ses réactions : elle est contrariée.

3. La solution : elle demande à monsieur Jacob de lui en donner une.

Voici un autre exemple:

Margot, une collègue, vous interrompt souvent pour bavarder, ce qui dérange votre concentration. Vous êtes de plus en plus ennuyée. Votre première réaction est d'exploser et de lui dire quelque chose comme: «Margot, peux-tu arrêter de me parler et me laisser travailler?» Utilisez plutôt la rétroaction et dites: «Margot, je travaille sur un projet important. Tu n'en es peut-être pas consciente, mais à chaque fois que tu m'interromps, je perds le fil de mes idées. Peut-on discuter plus tard à la pause café?»

1. Le problème: elle interrompt votre travail.

2. Vos sentiments ou réactions: vous perdez le fil de vos idées.

3. La solution: vous suggérez de parler plus tard à la pause café.

Supposez que Margot vous interrompt de nouveau deux heures plus tard. Que devriez-vous lui dire? (Souvenez-vous que c'est peut-être une habitude chez Margot et qu'elle peut l'avoir fait sans y penser.) Votre réponse? Répétez votre premier commentaire: «Comme je l'ai mentionné plus tôt, je travaille sur un projet important. Chaque fois que tu m'interromps, je perds le fil de mes idées. Est-ce qu'on peut parler pendant la pause?»

Le matin suivant, elle vous interrompt de nouveau. Que devriez-vous faire maintenant? Plusieurs suggéreraient d'ignorer ses commentaires. Dites plutôt: «Margot, je t'ai mentionné deux fois hier que je travaille sur un projet important et que tes interruptions affectent ma concentration. Peux-tu me dire pourquoi tu continues à le faire?»

De cette façon, vous faites réaliser à Margot son comportement agressif (oui, elle est agressive, car elle sait que cela vous dérange). Expliquez que, si cela se produit de nouveau, vous devrez parler à Léo, votre superviseur. La plupart des gens sautent cette étape qui consiste à expliquer clairement à Margot les conséquences qu'elle devra subir si elle continue. Margot promet de ne plus le faire.

Le jour suivant, Margot vous interrompt encore une fois. Que devriez-vous faire la quatrième fois? Ne vous contentez pas de dire ce que vous allez faire. Allez parler à votre superviseur.

Au lieu de donner l'impression de parler contre vos collègues, demandez conseil à votre superviseur. Dites-lui : «Léo, j'ai un problème et j'ai besoin de votre aide pour le régler. Mardi, j'ai parlé à Margot et je lui ai demandé de ...» Expliquez tout ce que vous avez fait pour arrêter son comportement néfaste. Puis demandez : «Que suggérez-vous que je fasse la prochaine fois qu'elle m'interrompt?»

Normalement, il devrait parler à Margot lui-même puisqu'elle fait perdre de l'argent à son service et au bout de la ligne, à la compagnie. Comme Léo est responsable de Margot, il est responsable de ce qu'elle fait et de son influence sur la performance de son service.

Vous pouvez vous demander : «Est-ce que Margot m'en voudra quand j'aurai parlé à mon superviseur?» Quelle importance? Elle vous cause des problèmes, que vous lui en parliez ou non.

Lorsque quelqu'un vous cause des problèmes, utilisez la phrase : «J'ai un problème et j'ai besoin de toi pour le régler.» C'est particulièrement efficace lorsqu'on l'utilise avec la personne qui cause le problème. Vous ne faites aucun reproche et vous n'engueulez pas la personne à cause de son comportement. Vous lui demandez son aide pour corriger le problème.

Cette approche donne souvent des résultats que l'on ne peut pas atteindre avec d'autres approches. Utilisez la technique de la rétroaction lorsqu'une personne affecte votre performance au travail en faisant du bruit avec un crayon, une gomme, sa chaise ou en parlant trop fort. Utilisez-la lorsque les gens sont en retard dans leur travail ou lorsque leurs façons d'agir vous empêchent de faire votre travail.

Revoyons les quatre étapes principales du processus de la rétroaction :

1. Suivez les trois étapes du processus de la rétroaction.

2. Répétez l'étape 1.

3. Demandez à la personne de vous expliquer pourquoi elle continue à vous ennuyer avec son comportement. Expliquez-lui les conséquences qu'elle devra subir si son comportement ne change pas.

4. Faites ce que vous avez dit à l'étape 3.

Passez directement à l'étape 3 si vous êtes confronté à une personne qui refuse de coopérer.

UTILISER LA RÉTROACTION AVEC LES GENS TRÈS DIFFICILES

Parmi la grande variété de types de personnalités, il y a toujours quelques personnes qui sont plus difficiles que d'autres. Une personne difficile n'est pas simplement quelqu'un qui a une mauvaise journée ou avec qui vous avez un conflit de personnalité. Une personne difficile est souvent difficile avec la plupart des gens.

Vous *pouvez* utiliser la rétroaction efficacement pour traiter avec de telles personnes. Cependant, parce que les risques d'échec sont plus grands, vous devez vous préparer très soigneusement avant de les approcher.

Une préparation soignée est particulièrement importante lorsque vous avez un problème avec une personne qui a du pouvoir comme votre superviseur, un parent ou une personne âgée.

1. *Définissez le problème.* Identifiez précisément le comportement inacceptable, qui est affecté par ce comportement, et à quelle fréquence. Concentrez-vous sur le comportement que la personne peut changer. Si le problème se produit avec une seule personne, il s'agit probablement d'un conflit de personnalité plutôt que d'un comportement difficile.

2. **Examinez les relations.** Vous pouvez trouver des indices des causes possibles du comportement négatif en examinant comment la personne difficile agit avec les autres. Déterminer ce qui amène ce comportement et pourquoi il vous ennuie vous aidera à trouver des solutions.

3. **Déterminez le coût du comportement problématique.** Que ce soit une perte de productivité, un malaise général ou un moral affecté, un comportement difficile a toujours un coût. Le comportement devrait être ignoré si vous ne pouvez en déterminer le coût.

4. **Préparez-vous à la confrontation.** Une fois que vous avez estimé que le coût est trop élevé, c'est le temps de parler à la personne. Qu'est-ce qui vous affecte le plus dans le problème? Quelle difficulté pourriez-vous rencontrer dans la discussion? Que ferez-vous pour résoudre ces problèmes? Préparez-vous à toutes les situations. Déterminez ce que vous voulez faire; puis, organisez une rencontre où vous serez tranquille et où vous aurez assez de temps pour discuter de la situation.

5. **Pratiquez-vous.** Répétez la situation avec un ami. Votre ami devrait en savoir autant que possible sur la situation. De cette façon, il pourra formuler de bons arguments et prévoir comment l'autre personne réagira. La pratique est très efficace dans ce cas-ci. Souvenez-vous que la personne que vous devez confronter n'aura pas eu l'occasion de se pratiquer.

6. **Trouvez une solution.** Expliquez pourquoi le problème vous affecte sans accuser la personne. Donnez des faits précis. Essayez de ne pas donner votre opinion sur la cause du problème. Posez des questions pour vérifier

votre compréhension. Identifiez le changement de comportement que vous recherchez. N'hésitez pas à changer de solution si elle n'est pas appropriée. Écoutez les idées de la personne sur la façon de résoudre le problème. Exprimez votre confiance dans sa capacité de changer.

7. ***Entendez-vous sur un plan d'action.*** Essayez de trouver une solution acceptable pour les deux parties.

8. ***Obtenez un engagement.*** Entendez-vous sur des actions spécifiques que la personne devra prendre et sur un échéancier. Demandez à la personne de confirmer ce qu'elle doit faire.

9. ***Gardez contact avec la personne.*** Reconnaissez et commentez tous les progrès que vous observez. Réévaluez le plan d'action et révisez-le au besoin. S'il n'y a aucun changement, répétez le processus.

Les autres stratégies

Vous pouvez essayer de faire du mieux que vous pouvez dans une situation difficile. Vous pouvez minimiser les dommages causés par un comportement difficile si vous :

- Demeurez calme — Ne vous engueulez pas avec la personne et ne l'accusez pas.
- Utilisez les techniques d'écoute pour vérifier votre compréhension.
- Demeurez ferme — Décidez à l'avance quels comportements vous accepterez et lequel vous n'accepterez pas, et respectez vos limites.
- Persévérez dans votre démarche afin que la personne difficile sache que vous êtes sérieux.
- Ayez confiance en vous et en votre habileté à négocier avec les autres.
- Cherchez des façons d'être moins en contact avec ce comportement ou d'en réduire les conséquences.

L'ÉCOUTE

Nous passons près de 80 p. cent du temps où nous sommes éveillés à utiliser les quatre moyens de communication de base : écrire, lire, parler et écouter. Écouter compte pour plus de 50 p. cent de ce temps. Nous passons donc 40 p. cent du temps où nous sommes éveillés à simplement écouter!

Nous écoutons par intervalles. La plupart d'entre nous sommes incapables d'être attentifs à ce qui est dit pendant plus de 60 secondes à la fois. Nous nous concentrons pendant un moment; puis, notre attention diminue et nous nous concentrons à nouveau.

Avez-vous déjà appris à écouter? Probablement pas. Cela se résumait à : «Marie, arrête de parler ...» et non à : «Marie, écoute s'il-te-plaît.»

Combien de mots par minute pensez-vous qu'une personne normale prononce? (Souvenez-vous que les secrétaires peuvent prendre de 80 à 120 mots par minute en sténo et les sténographes juridiques environ 220 mots par minute.)

La vitesse d'élocution normale est de 125 à 150 mots par minute. Ma vitesse d'élocution est au moins 160 mots par minute, même lorsque je donne un séminaire. Cela m'a déjà causé des problèmes.

Demandez-vous quelle vitesse d'élocution vous êtes capable d'écouter. Les estimations vont de 50 à 300 mots par minute. En réalité, nous sommes capables d'écouter à la vitesse phénoménale de 750 à 1 200 mots par minute!

Pourquoi donc n'entendons-nous pas ce que les autres nous disent? Parce que nous sommes ennuyés, c'est tout. Notre cerveau n'est pas suffisamment occupé lorsqu'une personne parle à une vitesse normale. Même ma vitesse d'élocution de 160 mots par minute ne peut garder les participants attentifs pendant toute la durée de mon séminaire. Qu'est-ce qui arrive? Notre esprit erre et nous:

— essayons de trouver des exemples sur le sujet dont il est question;

— nous demandons pourquoi notre conjoint était de mauvaise humeur ce matin-là;

— regardons le vêtement d'une personne et nous nous demandons où elle l'a acheté;

— pensons à la pause café.

La radio et la télévision ont fait de nous des auditeurs paresseux. Avez-vous ouvert la radio ce matin pour écouter la météo ou les nouvelles? Les avez-vous entendues? Ou les avez-vous manquées parce que vous ne portiez pas attention? Il faut de la pratique et de la concentration pour demeurer attentif à tout ce qui se dit.

Nous avons tous à négocier avec de «mauvais auditeurs». En voici quelques types.

LES TYPES DE MAUVAIS AUDITEURS

- *Les personnes timides.* Parce que les personnes timides s'attendent à ce que les autres s'occupent d'elles, leurs demandes font toujours appel aux émotions des autres. Lorsqu'elles ne reçoivent pas toute l'attention voulue, elles décrochent. La plupart des personnes gênées ne sont pas conscientes de ce comportement néfaste et des demandes qu'elles imposent aux autres.

- *Les personnes anxieuses.* Parce qu'elles manquent de confiance en elles, ces personnes parlent nerveusement. Elles se demandent ce qu'elles diront, ce qui laisse peu de place à l'écoute.

- *Les personnes qui argumentent.* Elles remettraient en question la théorie de la relativité d'Einstein! Elles s'attardent aux petits détails, ce qui brise souvent les conversations.

- *Les personnes dogmatiques.* Elles dépensent toute leur énergie à formuler des arguments plutôt qu'à écouter les autres. Elles interrompent et commen-

cent toutes leurs phrases par : «Mais...» Ces personnes peuvent vouloir impressionner les autres à tout
prix; mais elles produisent souvent l'effet contraire.
Les autres personnes décrochent.

- *Les personnes bornées.* Ce sont les auditeurs les plus
  exaspérants, car elles ont des valeurs rigides et elles
  recherchent la sécurité dans leurs préjugés. Elles se
  sentent menacées par toutes nouvelles idées ou tous
  changements.

Lorsque vous êtes confronté à ces mauvais auditeurs,
utilisez la rétroaction pour expliquer ce que vous ressentez. La délicatesse et la compréhension vous aideront à faire
de la personne concernée un meilleur auditeur. Expliquez
aux gens bornés qu'ils vous excluent littéralement et que,
parce qu'ils ne veulent pas entendre vos idées, vous vous
sentez rejeté et sans importance. Si vous leur expliquez ce
qui vous arrive et qu'ils continuent à se comporter de la
même façon, vous pouvez : (a) l'endurer; (b) utiliser les étapes 2 à 4 du *Processus de la rétroaction.*

La plupart des mauvais auditeurs ne sont pas conscients
de leur défaut. Votre rétroaction peut les aider à changer
leur attitude et leur comportement.

LES OBSTACLES À UNE BONNE ÉCOUTE

Plusieurs autres facteurs peuvent perturber votre
écoute. Demandez-vous lesquels peuvent représenter un
problème pour vous :

- Vous avez de la difficulté à comprendre les mots de
  votre interlocuteur ou vous n'avez pas les connaissances nécessaires pour comprendre le message
  (l'interlocuteur utilise un langage régional ou des termes techniques non familiers).
- Vous pensez à ce que vous allez dire pendant que
  l'interlocuteur parle.
- Vous êtes préoccupé par le fait que vous n'êtes pas
  d'accord avec son opinion.

- Vous écoutez en recherchant ce que vous voulez entendre.
- Vous êtes trop fatigué mentalement pour porter attention.
- Il y a du bruit et des sujets de distraction près de vous.
- L'interlocuteur a une élocution mauvaise, lente, inaudible, hors de propos, décousue ou répétitive.
- L'interlocuteur dit quelque chose qui vous intrigue; vous y pensez et lorsque vous revenez, vous avez perdu le fil.
- L'interlocuteur a un accent que vous avez de la difficulté à comprendre.
- Vous décrochez parce que vous pensez savoir la conclusion de votre interlocuteur.
- Vous oubliez d'utiliser la paraphrase et la rétroaction pour écouter efficacement.
- Vous avez l'impression de recevoir beaucoup trop d'information.

QUEL GENRE D'AUDITEUR ÊTES-VOUS?

Évaluez-vous ou demandez à un ami de vous aider en utilisant l'échelle suivante:

Toujours = 5   Presque toujours = 4   Parfois = 3
Rarement = 2   Jamais = 1

1. Je laisse mon interlocuteur exprimer ses pensées complètement avant d'interrompre. _____

2. J'essaie activement de développer mon habileté à me souvenir des faits importants. _____

3. Dans une rencontre ou une conversation téléphonique importante, j'écris les détails importants du message. _____

4. J'évite d'être hostile ou de m'exciter si je suis en désaccord avec mon interlocuteur. _____

5. Je répète les détails essentiels d'une conversation pour m'assurer d'avoir bien compris. _____

6. J'essaie de garder mon interlocuteur sur la bonne voie avec délicatesse. _____

7. J'évite d'être distrait lorsque j'écoute. _____

8. J'essaie de me montrer intéressé à la conversation de l'autre personne. _____

9. Je suis conscient que j'apprends peu lorsque je parle. _____

10. Je donne l'impression d'écouter (j'utilise la paraphrase et je pose des questions). _____

11. Je n'oublie pas que les gens se sentent moins sur la défensive lorsqu'ils se sentent compris. _____

12. Je comprends que je n'ai pas à être d'accord avec mon interlocuteur. _____

13. Dans une conversation personnelle, je recherche les signes de la communication non verbale, comme le langage du corps, le ton de la voix et autres signes qui me fournissent des renseignements additionnels. _____

14. Je donne l'impression d'écouter dans une conversation personnelle (je m'avance et je regarde la personne dans les yeux). _____

15. Lorsque je prends un message, je demande qu'on épelle le nom des personnes et des lieux. _____

Résultat : 64 ou plus : Vous êtes un excellent auditeur!
50 — 63 : Vous êtes mieux que la moyenne.
40 — 49 : Vous devez vous améliorer.

39 ou moins : Vous êtes un mauvais auditeur.
Vous devez pratiquer et pratiquer encore.

Revenons à la question 12 : Supposons que, dans une conversation avec quelqu'un sur un sujet controversé (tel que l'avortement ou la peine de mort), vous découvrez que vous avez des opinions opposées. Si la discussion ne mène nulle part et qu'elle vous rend tous les deux en colère, dites : «Tu as droit à ton opinion et moi à la mienne. Entendons-nous sur notre désaccord et discutons d'autre chose.»

Revenons à la question 14 : Lorsque vous prenez en note le nom d'une personne, demandez-lui d'épeler son nom (même le nom Thibeault peut s'écrire de différentes façons). Entre guillemets sous le nom, ajoutez la prononciation phonétique du nom surtout lorsqu'il s'agit d'un nom étranger.

Cette technique est très utile pour la personne qui retournera l'appel. Je l'utilise pour mes clients et dans mes dossiers afin de toujours prononcer le nom de la personne correctement lorsque je l'appelle.

COMMENT AMÉLIORER VOTRE ÉCOUTE

1. Vous devez vouloir l'améliorer. Sans motivation, cela demandera trop d'efforts.

2. Essayez de trouver un endroit calme pour discuter. Vous aurez de la difficulté à garder le fil de vos idées si votre concentration est dérangée.

3. Essayez de ne pas deviner ce que l'autre personne va dire.

4. Soyez conscient de vos propres préjugés afin qu'ils n'influencent pas votre écoute outre mesure.

5. Soyez attentif à ce qui est dit. N'arrêtez pas d'écouter pour préparer votre réplique.

6. Soyez conscient des mots qui peuvent déclencher une réaction exagérée ou stéréotypée, par exemple : «une femme libérée» ou «un mâle chauvin».

7. N'essayez pas de devancer votre interlocuteur en essayant de comprendre trop rapidement.

8. De temps à autre, essayez de paraphraser ce que la personne vient de dire. Donnez-lui la chance de savoir ce que vous avez compris.

9. Lorsque vous avez de la difficulté à déterminer le but d'une remarque, dites : «Pourquoi me dites-vous cela?»

10. Lorsque vous perdez le fil d'une conversation, recherchez les mots clés. Cela se produit souvent lorsque votre interlocuteur s'étend sur son sujet ou a tendance à être décousu.

11. N'interrompez pas l'autre personne pour demander un éclaircissement ou un détail insignifiant.

LES QUALITÉS D'UN BON AUDITEUR

Les gens qui ont une bonne capacité d'écoute font les choses suivantes :

1. Ils laissent les autres finir de parler avant de les interrompre.

2. Ils posent des questions lorsqu'ils se sentent confus.

3. Ils portent attention à ce que les autres disent et ils montrent qu'ils sont intéressés en gardant un contact avec les yeux. Ils ne regardent pas partout autour d'eux.

4. Ils demeurent ouverts et prêts à modifier leur opinion.

5. Ils utilisent la rétroaction et la paraphrase.

6. Ils accordent de l'attention aux signes non verbaux, comme le langage du corps de l'interlocuteur.

7. Ils ne décrochent pas à tout moment lorsqu'une autre personne parle.

LA PAROLE

Une autre technique de communication est l'art de pouvoir dire ce que vous voulez dire. L'aisance verbale vous permet d'exprimer vos pensées clairement afin que les autres comprennent exactement ce que vous voulez dire. Voici un test que vous pouvez faire. Comme nous ne nous percevons pas toujours clairement, il serait bon qu'un ami le fasse pour vous.

ÊTES-VOUS UN BON INTERLOCUTEUR?

Évaluez-vous en utilisant l'échelle suivante :

Toujours = 5   Presque toujours = 4   Parfois = 3
Rarement = 2   Jamais = 1

1. Si j'étais un auditeur, est-ce que je m'écouterais?   _____

2. Si on me comprend mal, je suis conscient que c'est ma responsabilité d'aider les autres à me comprendre.   _____

3. Je donne des instructions brèves, précises et claires.   _____

4. Je m'aperçois du manque d'intérêt de mon auditoire.   _____

5. Je m'assure que mes auditeurs savent ce que j'attends d'eux.   _____

6. Lorsque je donne des instructions, je demande une rétroaction ou une paraphrase pour m'assurer d'être compris.   _____

7. Je m'assure que mes signes non verbaux (langage du corps, ton de la voix, etc.) correspondent au message verbal. _____

8. Je prends soin de ne pas intimider mes auditeurs avec une voix forte, une apparence menaçante, un contact des yeux intense ou prolongé, une attaque verbale, etc. _____

9. J'articule clairement. _____

10. J'essaie d'utiliser un langage que mon auditeur peut comprendre. _____

Résultat : 40 ou plus : Vous êtes un excellent interlocuteur!
32 — 39 : Vous êtes mieux que la moyenne.
25 — 31 : Vous devez vous améliorer.
24 ou moins : Vous êtes un interlocuteur inefficace.
Vous avez besoin de pratique et encore de pratique.

Avez-vous ri en répondant à la première question? Avez-vous trouvé un élément de vérité? Croyez-vous que vous ne valez pas la peine d'être écouté? Voici les trois raisons principales pour lesquelles vous croyez être un mauvais interlocuteur.

1. *Vous avez de la difficulté à vous exprimer.* Certaines personnes savent ce qu'elles veulent dire; mais elles ne savent pas comment le dire. Elles manquent d'aisance dans leur élocution. Vous pourriez essayer de suivre un cours de conversation en public. Puisque vous allez parler tout le reste de votre vie, cela vaut la peine d'améliorer cette technique de communication essentielle.

2. *Vous n'êtes pas au courant de l'actualité.* Les gens s'isolent souvent dans leur petit monde. Ensuite, lors de rencontres sociales, ils découvrent qu'ils ne sont pas au courant des événements sociaux et qu'ils ne peuvent pas participer à la conversation. La solution est de rester au courant de ce qui se passe dans le monde.

3. **Vous êtes une «grande gueule».** Certaines personnes ont des problèmes à avoir une conversation brève ou précise. Prenez le temps d'organiser vos pensées avant de parler. Pratiquez-vous en écrivant vos pensées ou utilisez une enregistreuse. Puis, formulez à nouveau vos remarques en utilisant un langage plus précis.

Les suggestions du point (3) peuvent aussi vous être utiles si vous avez des problèmes à donner des instructions claires. La simplicité est souvent le meilleur choix.

Pour vous assurer que vos auditeurs savent ce que vous attendez d'eux, demandez leur aide avant de leur donner tous les détails complémentaires. Par exemple :

Un homme voulait discuter d'un problème de travail avec sa femme qui venait d'avoir une journée plutôt difficile. Il commença à lui donner tous les détails sur ce qui s'était passé. Lorsqu'il lui demanda : «Que penses-tu que je devrais faire?», elle fut embarrassée, car elle n'avait pas écouté attentivement. Il dut lui répéter tous les détails avant qu'elle puisse répondre. Il aurait mieux valu commencer la conversation ainsi : «Marie, j'ai besoin de ton opinion sur quelque chose qui arrive au bureau. As-tu le temps d'en discuter maintenant?» Il aurait alors su si elle avait le temps de l'écouter et elle aurait compris qu'il avait besoin de toute son attention.

CHAPITRE TROIS

Les techniques de communication pour des situations précises

METTRE L'ACCENT SUR L'ASPECT POSITIF

Un compliment est la chose la plus agréable que vous puissiez dire à une personne, qu'il s'agisse d'un client, d'un ami, d'un parent ou d'un collègue. Les compliments positifs donnent une sensation agréable au receveur (et généralement à celui ou celle qui les fait).

Nous flattons les autres lorsque nous leur faisons un compliment authentique. Rien ne fait plus plaisir aux autres que de voir leur bon travail reconnu. Et l'avantage est double, car les gens aiment être avec les personnes qui font des compliments. Si vous reconnaissez ce qui mérite d'être reconnu, les autres se sentiront à l'aise avec vous.

Nous pouvons flatter les autres en ayant simplement de bonnes manières. Malheureusement, nous le faisons rarement avec les membres de notre famille ou avec les personnes qui nous sont proches de nous alors que nous le devrions. Après tout, notre famille, nos amis, nos parents et nos collègues ne sont-ils pas les personnes les plus importantes? Vous pouvez flatter vos collègues en les remerciant pour un service qu'ils vous ont rendu. Lorsqu'un ami ou un membre de la famille fait tout ce qu'il peut pour vous rendre service, pensez à le remercier.

Même si deux semaines se sont écoulées et que vous n'avez toujours rien dit, il n'est pas trop tard. En fait, un commentaire inattendu tel que: «Benoît, j'ai oublié de te remercier pour le renseignement que tu m'as fourni. Je l'ai utilisé dans une proposition pour un client et tout a bien fonctionné» peut faire des miracles sur le moral de celui qui le reçoit.

Vous pouvez flatter vos clients en vous rappelant leur nom et en portant attention à ce qu'ils disent.

Devriez-vous garder un compliment? Non. Passez-le à quelqu'un d'autre. La plupart des gens ont plus de difficulté à se souvenir de la dernière flatterie que de la dernière douche froide.

ÉLIMINER L'ASPECT NÉGATIF

Au contraire des flatteries, les douches froides font que les gens se sentent mal. Nous provoquons parfois des réactions hostiles à cause de la façon dont nous traitons les autres. Ils deviennent difficiles en réaction à quelque chose que nous avons fait. Par exemple, vous pouvez ennuyer les gens lorsque vous :
- les faites attendre inutilement au téléphone ou en personne;
- agissez plus lentement avec eux que lorsque vous servez les autres;
- oubliez le nom de vos clients réguliers;
- oubliez de dire s'il-vous-plaît et merci.

De telles actions et omissions donnent l'impression que le receveur n'est pas important. Ce comportement est dégradant pour les deux parties. Tout le monde a les mêmes droits et tout le monde mérite le même respect que vous vous attendez à recevoir des autres.

Devez-vous accepter une douche froide? Non. Rejetez-la mentalement. Mais ne la laissez pas passer même lorsque les autres semblent le faire. Lorsque les gens déchargent leurs sentiments négatifs sur vous, souvenez-vous que vous pouvez choisir de ne pas les accepter. Refiler un sentiment négatif à quelqu'un d'autre provoque le mécontentement de deux personnes au lieu d'une.

NEUTRALISER LES VILAINS MANIPULATEURS

Les gens peuvent nous insulter: ils nous font un compliment, puis ils n'en tiennent pas compte et ils nous disent quelque chose de négatif. Certains humilient les autres de façon déguisée ou évidente dans le seul but de les blesser. Lorsque vous avez affaire à ces personnes, utilisez la formule suivante :

1. Lorsque vous vous sentez insulté ou humilié, expliquez comment vous avez perçu la situation. Dites: «Tu sens, tu penses, tu crois...» Cela confirme que vous avez entendu ce que la personne vous a dit (c'est une forme de paraphrase).

2. Puis dites: «Je comprends, je perçois, je constate, je réalise que...» Et expliquez votre perception du point de vue de l'autre.

3. Commentez de manière assurée, en disant: «Je crois, je pense, je sens...» et exprimez ce que vous pensez sur le sujet. Ne commencez pas votre phrase avec des mots comme «mais», «cependant», «néanmoins».

4. Demandez une question ouverte (à laquelle on ne peut répondre que par oui ou non).

Voici un exemple de la façon de discuter d'un commentaire discriminatoire concernant l'âge.

Interlocuteur: «Tu es plutôt jeune pour être superviseur, non?»

Vous: «Vous croyez que je suis trop jeune pour être superviseur?»

Interlocuteur: «Oui, en effet. Vous êtes jeune, non?»

Vous: «Je comprends ce que vous voulez dire. J'ai six années d'expérience dans ce service, j'ai aussi un baccalauréat et j'ai complété une formation de superviseur offerte par la compagnie. Quelles autres qualifications pensez-vous que je devrais avoir pour ce poste?»

Le ton de la voix est très important dans ces échanges. Votre voix ne doit pas indiquer que vous vous défendez, mais que vous énoncez simplement des faits. Ce genre de dialogue porte sur des faits plutôt que sur des sentiments.

Supposez qu'on vous insulte à propos de votre origine raciale:

Interlocuteur: «Chaque fois que je prends un taxi, le conducteur est asiatique. Ne pouvez-vous rien trouver d'autre que de conduire un taxi?»

Vous: «Vous pensez que les Asiatiques devraient faire autre chose que conduire un taxi. Je comprends pourquoi vous pensez cela. Plusieurs personnes de mon pays doivent parfaire leur éducation pour travailler dans leur domaine en Amérique du Nord. Je suis des cours à l'université et je travaillerai bientôt dans mon domaine. Quel genre de cours avez-vous dû suivre pour faire votre travail?»

Voici un exemple d'un propos sexiste:

Interlocuteur: «Vous gagnez un bon salaire pour une femme.»

Vous: «Vous croyez que les femmes devraient gagner moins que les hommes?»

Interlocuteur: «Oui, je le crois.»

Vous : «Je comprends ce que vous dites. Je pense que les femmes méritent de gagner un salaire égal à celui des hommes. Les femmes paient leur loyer comme les hommes, elles paient pour leur nourriture et elles paient aussi les mêmes impôts que les hommes. Pourquoi croyez-vous que les femmes devraient gagner moins que les hommes?»

Utilisez cette technique pour toutes les insultes ou toutes les humiliations qui sont dirigées contre vous.

ÊTRE CONSTRUCTIF

Bien sûr, il est parfois nécessaire de discuter des erreurs des autres ou, en d'autres mots, de les critiquer. La critique peut être destructive si elle fait sentir à la personne qu'elle n'est bonne à rien, ou constructive si elle offre des suggestions précises pour l'amélioration.

Pensez à la dernière chicane importante que vous avez eue avec quelqu'un. Avez-vous traité la personne de toutes sortes de noms ou avez-vous été juste et avez-vous discuté du comportement de cette personne?

Vous pourriez dire, par exemple: «Jean, comment as-tu pu faire une chose aussi stupide?» Vous insultez Jean sans l'aider à être moins stupide.

Ou vous pourriez dire: «Jean, tu n'a pas passé beaucoup de temps à préparer ton rapport. Il s'est avéré inutile et j'ai dû le refaire au complet.» Vous discutez de son comportement et vous lui donnez un renseignement précis sur la façon de le changer.

Dans une dispute, si vous insultez quelqu'un, excusez-vous. Dites: «Je suis désolé. Tu ne mérites pas ça. Ce que je voulais dire...» Vous pouvez ensuite discuter des comportements qui vous ennuient en utilisant le technique de la rétroaction.

Lorsqu'une personne vous insulte, demandez-lui les raisons spécifiques de son insulte. Souvenez-vous que vous avez le choix d'accepter ou de ne pas accepter la critique.

Nous pouvons décider d'empêcher les autres de nous blesser. Un collègue peut nous trahir, bavarder dans notre dos ou essayer de nous rendre coupable. Il n'est pas facile de pardonner ce comportement. Nous pouvons avoir la sensation de nous rabaisser si nous pardonnons aux autres trop facilement. Nous pouvons penser qu'il faut attendre que les autres fassent quelque chose pour guérir la blessure. Nous pouvons avoir tendance à nous apitoyer jusqu'à nous en rendre malade.

Cependant, dans plusieurs cas, le pardon est la seule chose qui pourra guérir la blessure. En fait, pardonner peut conduire à une nouvelle relation.

Vous pouvez dire: «C'est facile à dire pour toi, car ton collègue n'a pas parlé dans ton dos et il n'a pas fait de fausses déclarations à ton sujet.»

Voici ce que vous pouvez faire pour régler le désaccord. Arrêtez de prétendre que vous aimez la personne. Reconnaissez que vous êtes en colère et examinez-en les raisons. Ensuite, soyez direct avec la personne et dites-lui franchement ce qui vous a offensé. Cependant, souvenez-vous que la personne est humaine et que nous faisons tous des erreurs. Ensuite, décidez consciemment de pardonner et d'oublier (vous devez être sincère). Une fois que vous avez pardonné à la personne, vous pouvez passer à autre chose.

Plusieurs personnes ne sont pas d'accord avec cette approche. Elles croient que pardonner aux coupables leur permet de se tirer d'affaire trop facilement. En réalité, garder rancune est au désavantage de la personne blessée. La colère et la haine utilisent de l'énergie qui pourrait être utilisée positivement pour recoller les pots cassés.

J'ai découvert que je pouvais continuer à vivre paisiblement lorsque je pardonnais aux autres le mal qu'ils m'avaient fait. Ironiquement, dans mon cas, toutes ces personnes ont eu des problèmes par la suite à cause de leur comportement blessant. Par exemple, un de mes patrons craignait que je prenne sa place. Il m'a rendu la vie très difficile pendant des mois, ce qui m'a causé un stress terrible et des problèmes de santé. J'ai finalement dû céder et trouver un autre de travail. Cet homme se promène maintenant d'un emploi à un autre à des niveaux de plus en plus bas. Il laisse derrière lui une traînée d'anciens collègues qui le méprisent.

ACCEPTER LES COMPLIMENTS

Plusieurs d'entres nous ont de la difficulté à accepter les compliments de bon coeur. Nous les ignorons ou nous refusons de les accepter en faisant un commentaire comme: «J'aurais pu faire mieux» ou «Oh! cette vieille chemise...»

Si vous n'acceptez pas son compliment, quel message transmettez-vous à la personne qui vous le fait? Vous insinuez qu'elle n'est pas sincère ou qu'elle a un mauvais jugement. Vous répondez à une flatterie (une sensation positive) avec une douche froide (une sensation négative). Souvenez-vous de cela la prochaine fois que vous refusez un compliment.

CONSEILLER LES AUTRES

Les techniques d'écoute sont utiles si on vous demande conseil. Vous pouvez donner des conseils si vous êtes expert dans le domaine concerné. Cependant, lorsque les autres vous confient leurs problèmes personnels, ne faites pas l'erreur de donner des conseils. Cette approche est aussi excellente avec les personnes qui se plaignent et qui se lamentent constamment. Cela les aide à résoudre elles-mêmes leurs problèmes. Si elles reviennent vous voir avec le même problème par la suite, rappelez-leur ce que vous leur avez dit. Vous pouvez même dire: «Tu sais ce que tu as à faire pour régler ton problème. Je ne veux pas en entendre parler jusqu'à ce que tu aies fait ce qu'il faut.» Voici les étapes à suivre lorsque des gens vous demandent conseil ou vous demandent d'aider quelqu'un qui a des problèmes personnels.

1. Demandez-leur d'expliquer leur problème en détail.

2. Demandez-leur quelles solutions pourraient résoudre leur problème. (Vous pouvez leur suggérer des idées auxquelles ils n'ont pas pensé.)

3. Demandez-leur d'identifier les avantages et les désavantages de chaque solution.

4. Demandez-leur quelle solution est la plus raisonnable; mais ne dites pas ce que vous feriez même si on vous le demande.

5. Écrivez les mesures spécifiques qu'ils devront prendre pour résoudre leur problème (établissez des objectifs).

Pourquoi vaut-il mieux ne pas dire ce que vous feriez? La personne pourrait suivre votre conseil et, si les résultats sont mauvais, vous vous sentirez en partie responsable.

En suivant les étapes recommandées, vous aidez la personne à être plus indépendante. Elle apprendra à résoudre ses problèmes elle-même. Les superviseurs devraient utiliser cette technique lorsqu'on leur demande conseil. Avant d'intervenir automatiquement et de donner la réponse, ils devraient demander: «Qu'en penses-tu?» Cela donne une chance à la personne de tester ses idées; le résultat est une prise de décision indépendante. Cette personne viendra vous demander conseil moins souvent.

J'ai déjà vu une bande dessinée qui montrait un homme très contrarié entrant dans le bureau d'un conseiller. On le voyait qui parlait avec le conseiller, puis il quittait la pièce le sourire aux lèvres. L'image suivante montrait le conseiller de dos. Il avait une clé dans le dos qui lui faisait hocher la tête. Cela suggère que le simple fait d'avoir quelqu'un à qui compter vos problèmes peut vous aider à les résoudre. Apprenez à être un bon auditeur et vous aurez de nombreux amis.

ÉVITER LES MESSAGES AMBIGUS

Nos paroles et nos comportements peuvent parfois être interprétés de plusieurs façons. Si nous ne le réalisons pas et si nous ne clarifions pas ce que nous voulons dire, notre comportement peut être mal interprété. Voici un exemple :

1. Intention du superviseur : Le superviseur veut faire savoir à Marie, son employée, qu'il apprécie le travail additionnel qu'elle a fait dernièrement. Il se demande laquelle des façons suivantes est la meilleure pour communiquer son appréciation :
   a. Donner des vacances à Marie.
   b. Inviter Marie à dîner.
   c. Dire à Marie ce qu'il pense.
   d. Essayer de réduire la charge de travail de Marie.

2. Action du superviseur : Il choisit la solution (d) et diminue la charge de travail de Marie.

3. Réaction de Marie : Marie remarque la réduction de sa charge de travail; mais elle n'en comprend pas la signification. Son superviseur peut, d'après elle, :
   a. La critiquer pour ne pas avoir suffi à la tâche.
   b. Essayer de lui dire qu'elle passe trop de temps au téléphone.
   c. Essayer de l'aider.
   d. Être convaincu qu'elle ne peut faire face aux situations de crise.

4. L'effet sur Marie : Elle décide que la réponse est (a) et elle se sent blessée et rabaissée.

5. Marie pense : Je ne vais pas lui laisser savoir que je suis blessée. Devrais-je :

a. Ne rien dire.

b. Le remercier.

6. Action de Marie : Elle décide de le remercier.

7. L'effet sur le superviseur : Il croit que Marie comprend et qu'elle apprécie ce qu'il a fait.

C'est un exemple classique d'une mauvaise interprétation d'un comportement ambigu. L'intention du superviseur était positive et bien intentionnée. Cependant, l'effet produit est le contraire de ce qu'il voulait. Il aurait mieux valu qu'il accompagne ses gestes de paroles. En utilisant la rétroaction, il se serait assuré que Marie comprenait pourquoi il diminuait sa charge de travail.

L'exemple suivant démontre bien les conséquences fâcheuses qui peuvent se produire si on omet d'expliquer un comportement ambigu. La compagnie en question faisait de bonnes affaires, même si l'économie était au ralenti. La compagnie avait décidé de déménager dans un édifice plus grand et plus confortable. La bonne nouvelle devait être annoncée lors d'une réunion qui devait avoir lieu le jeudi suivant à 17 heures. Les problèmes commencèrent lorsque les travailleurs d'une autre compagnie se présentèrent à la réception le lundi matin. Ils demandèrent à la réceptionniste la permission de mesurer les bureaux. Lorsqu'elle leur demanda pourquoi, ils répondirent que les nouveaux propriétaires avaient besoin de ce renseignement avant d'emménager.

Après avoir vérifié avec son patron, la réceptionniste leur donna la permission de mesurer les bureaux. Elle commença à penser qu'elle serait peut-être sans travail bientôt. À la pause café, elle le mentionna à deux de ses collègues qui, bien sûr, en parlèrent aux autres. Le mardi après-midi, des rumeurs vinrent aux oreilles des dirigeants: la moitié de leur personnel se cherchait du travail et la réunion du jeudi devait annoncer la fermeture de la compagnie. La direction décida d'annoncer la nouvelle sans tarder le mardi à 17 heures.

LA BARRIÈRE DE LA LANGUE

Avant d'être tout à fait à l'aise en français, les personnes dont le français est la langue seconde doivent normalement procéder de la façon suivante :

Étape 1 : Elles comprennent ce que vous dites en français.

Étape 2 : Elles traduisent ce que vous dites dans leur langue maternelle.

Étape 3 : Elles construisent leur réponse dans leur langue maternelle.

Étape 4 : Elles traduisent leur réponse en français.

Étape 5 : Elles vous répondent en français.

Vous pouvez voir que ce processus prend du temps. Donc, si vous discutez avec une personne dont la langue maternelle n'est pas le français, essayez de :

1. Utiliser un langage simple et ordinaire. Vous ne pouvez pas leur demander de connaître des termes régionaux ou techniques.

2. Regarder le langage de leur corps. S'ils froncent les sourcils, vous les avez peut-être perdus. Répétez ce que vous avez dit en langage plus simple.

3. Leur laisser le temps d'interpréter ce que vous dites. La lourde pause entre la fin de votre énoncé et le début de leur réponse peut être nécessaire pour les aider à comprendre.

Parfois, peu importe ce que vous faites, il vous est impossible de comprendre ce qu'une personne vous dit. Lorsque c'est possible, essayez de trouver quelqu'un qui parle la même langue que cette personne. Si cela est impossible, demandez à cette personne d'amener quelqu'un (un enfant ou un parent) qui pourra agir comme interprète.

Si ce problème vous arrive souvent, contactez le gouvernement pour savoir s'il offre un service d'interprètes. Dirigez la personne à ce service.

Si vous vous sentez coupable, arrêtez-vous. Si vous avez fait tout ce que vous avez pu pour comprendre la personne, vous n'avez aucune raison de vous sentir coupable.

Dans le passé, j'ai eu la malchance d'avoir affaire avec une réceptionniste qui avait un accent très prononcé. Je ne pouvais pas comprendre ce qu'elle disait et je pense qu'elle ne pouvait pas me comprendre non plus. Deux semaines s'étaient écoulées et je n'étais pas arrivée à régler mes affaires avec la compagnie. J'ai finalement décidé d'agir et de parler à la directrice du bureau. J'ai expliqué mon problème de la façon suivante : «J'ai un problème et j'ai besoin de vous pour le résoudre. Au cours des deux dernières semaines, j'ai appelé à plusieurs reprises et j'ai eu de la difficulté à comprendre ce que votre réceptionniste disait. Avez-vous eu d'autres plaintes à ce sujet? Vous perdez peut-être des clients.» Elle admit qu'elle avait reçu un commentaire d'un collègue mais qu'il s'agissait de la première plainte de l'extérieur. Elle m'assura qu'elle réglerait le problème. Lorsque j'ai appelé cette compagnie la fois suivante, une nouvelle personne m'a répondu. Si je ne m'étais pas plainte, la situation aurait continué et la compagnie aurait pu perdre des clients.

TRAITER AVEC LES GENS OBSTINÉS

À l'ère du télémarketing, nous avons tous eu affaire avec des vendeurs au téléphone. Par exemple, vous avez probablement déjà reçu un appel de la gentille demoiselle qui veut vous expliquer le rabais sur le nettoyage des tapis. Lorsqu'elle s'identifie et vous demande comment vous allez, vous savez très bien ce qui s'en vient. Je suggère la technique suivante :

L'enregistreuse bloquée

«Nous avons un rabais sur le nettoyage des tapis aujourd'hui.»

«Je vous remercie d'avoir appelé, mais je ne suis pas intéressé.»

«Mais ce rabais n'est bon que pour cette semaine.»

«Je ne suis pas intéressé.»

«Pourquoi ne pas faire nettoyer votre salon?»

«Je ne suis pas intéressé. Au revoir.» Puis vous raccrochez.

Plusieurs d'entre vous peuvent penser que cette personne ne fait que son travail. Je leur réponds qu'on viole mon intimité. Si je veux faire nettoyer mes tapis, je peux le demander.

Avec la technique de l'enregistreuse bloquée, vous répétez simplement la même phrase à plusieurs reprises. Vous n'élevez pas la voix et vous ne vous mettez pas sur la défensive. Après un troisième refus, le vendeur admet généralement que vous êtes sérieux.

Cette technique est aussi utile si vous devez repousser les vendeurs au bureau. Disons qu'ils vous demandent d'accepter seulement leur carte de visite, leur catalogue ou leur dépliant. Quelqu'un dans la compagnie rappellera le vendeur si le produit ou le service suscite de l'intérêt.

Voici comment négocier avec le vendeur :

«J'aimerais rencontrer le directeur, s'il-vous-plaît.»

«Avez-vous un rendez-vous?»

«Non.»

«Pouvez-vous me dire la raison de votre visite.»

«J'aimerais lui présenter mes produits.»

«J'ai reçu l'ordre d'accepter toute l'information que vous pouvez me laisser. La directrice vous rappellera si elle est intéressée.»

«Notre rabais prend fin cette semaine.»

«Laissez-moi l'information et la directrice vous rappellera si elle est intéressée.»

«Je suis certain qu'elle aimerait me rencontrer.»

«Laissez-moi l'information et la directrice vous rappellera si elle est intéressée. (Puis vous tendez la main.) Merci.»

Vous pouvez utiliser cette technique dans d'autres situations, par exemple, lorsque quelqu'un vous demande de faire quelque chose que vous ne voulez pas faire.

«Henri, peux-tu me reconduire chez moi après le travail?»

«Non, je ne peux pas. Je suis occupé.»

«Henri, j'ai vraiment besoin que tu me reconduises ce soir. Pourquoi ne le peux-tu pas?»

«Comme je te l'ai dit, je suis trop occupé.»

Lorsque quelqu'un vous demande d'expliquer votre refus, il agit agressivement et essaie de profiter de vous. Vous n'êtes pas obligé de justifier votre refus. Utilisez cette technique lorsque vous voulez dire non à quelqu'un qui essaie de vous convaincre de dire oui. Sans rancune!

NON N'EST PAS UN MOT GROSSIER

Dites-vous oui pour une des raisons suivantes?
- Vous ne voulez pas blesser personne.
- Vous ne voulez pas justifier votre refus.
- Vous ne voulez rien dire que la personne pourrait interpréter de façon négative.
- Vous vous sentez obligé de passer du temps avec une personne parce que vous ne l'avez pas vue depuis des mois.
- L'autre personne est particulièrement importante pour vous. Vous aimeriez bien rendre service, mais le moment est très inopportun.

Apprendre à dire non lorsque vous le voulez dépend de l'amélioration de:
— votre respect;
— votre confiance dans vos valeurs et vos décisions;
— votre aisance à satisfaire vos besoins personnels;
— votre compréhension du fait que votre valeur ne dépend pas du jugement des autres;

— votre aisance et de votre confiance à vous faire plaisir;

— votre compréhension du fait que vous ne pouvez pas faire plaisir à tout le monde.

Essayez ce qui suit si vous avez de la difficulté à dire non lorsque vous devez le faire. Chaque étape vous aidera à apprendre comment et quand dire non tout en étant à l'aise.

Comment dire non

Étape 1. Pensez à un type de situation où vous avez dit oui inopportunément à plusieurs reprises au cours des derniers mois. Concentrez-vous d'abord sur cette situation.

Étape 2. Identifiez les raisons pourquoi vous avez dit oui. Pensez-vous que le fait de dire non pourrait nuire à votre relation? Vous souciez-vous des sentiments de l'autre personne?

Étape 3. Préparez un plan d'action pour prévenir cette situation la prochaine fois. Une partie de cette étape consiste à vous préparer à cette situation. L'autre partie consiste à prévenir la répétition de la même situation.

Étape 4. Pratiquez votre nouvelle réponse. Essayez de trouver l'impression que vous voulez donner en disant non de manière adroite et délicate. Pratiquez avec une personne qui n'est pas concernée et qui a un bon jugement.

NOTE : Essayez de savoir ce que vous voulez avant de dire oui. Ne vous sentez pas obligé de retourner un service qu'un ami vous a rendu. Arrêtez de dire oui aux gens simplement parce que vous croyez qu'en disant non vous les blesserez.

COMPRENDRE LES SIGNES NON VERBAUX

Vous dînez avec une amie et vous remarquez qu'elle a de la nourriture au coin de la bouche. Vous voulez le lui faire savoir discrètement. Vous prenez votre serviette de table et vous essuyez votre bouche, mais en même temps, vous regardez la bouche de votre amie. Dans bien des cas, elle s'essuiera la bouche elle aussi, même si elle ne peut pas expliquer pourquoi.

Nous comprenons ce que les gens nous disent en partie par le langage de leur corps, le ton de leur voix, etc. Être capable d'interpréter les signes non verbaux est probablement un des plus grands atouts que quelqu'un peut avoir. Si vous voulez être un bon communicateur, vous devez être conscient de ces signes non verbaux et les comprendre. Les seules personnes qui peuvent mentir régulièrement sans que le langage de leur corps ne les trahisse sont les comédiens et les menteurs compulsifs. C'est parce qu'ils croient vraiment au mensonge qu'ils racontent. Voici quelques exemples de ce que le langage du corps peut nous dire :

- Taper des doigts. La personne est ennuyée, impatiente ou anxieuse.
- Balancer son poids d'un pied à l'autre. La personne est debout depuis trop longtemps ou elle est impatiente.
- Froncer les sourcils. La personne ne comprend pas ce que vous dites ou elle est en désaccord avec ce que vous dites.
- Visage rouge. La personne est embarrassée ou en colère; elle a chaud ou elle fait de la haute pression. Vous devez regarder d'autres signes non verbaux pour confirmer le premier.
- Mâchoire serrée. La personne est contrariée, en colère ou anxieuse. Ce signe est plus courant chez les hommes que chez les femmes.
- Main contre l'oreille. La personne n'a pas compris ce que vous dites.
- Dos rond. La personne est fatiguée, relaxée ou déprimée.
- Éviter le regard de l'autre. La personne est gênée ou ennuyée. Ou la personne vient d'une culture où regarder dans les yeux une personne âgée ou en position d'autorité est un manque de respect. Ce signe

est souvent interprété faussement comme un comportement sournois, un manque de confiance, alors que la cause peut être tout à fait différente.

- Élocution rapide ou brusque. La personne est contrariée, anxieuse ou en colère.
- Augmentation du volume de la voix. La personne est nerveuse ou en colère.
- Élévation du ton de la voix. Un signe, chez le femme, que la personne est nerveuse ou en colère.
- Baisse du ton de la voix. Un signe, chez les hommes, que la personne est nerveuse ou en colère.
- Mouvements nerveux du corps. La personne est nerveuse, anxieuse ou en colère.
- Gratter le nez. La personne est perplexe ou elle n'aime pas quelque chose. Ou son nez lui pique.
- Haussement d'épaule. La personne est indifférente ou elle ne connaît pas la réponse.
- Taper le front. La personne se sent distraite ou stupide.
- Bras croisés. La personne est sur la défensive, elle a froid ou elle se sent mal à l'aise. On l'observe souvent chez les hommes assis sur une chaise sans bras.
- Tape dans le dos. La personne vous félicite ou elle veut vous encourager.
- Pouce et index en cercle. La personne dit: «O.K.» ou «Bien.» Dans certaines cultures, il s'agit d'un geste obscène.
- Main levée, paume vers l'extérieur. Cela signifie: «Arrêtez!»
- Mains jointes au-dessus de la tête. La personne se sent gagnante, triomphante.
- Petit coup dans le ventre. La personne fait une farce ou elle vous agace.

Nous plaçons souvent notre main ou notre bras autour de l'épaule de quelqu'un qui est contrarié. Avec les amis proches, les parents, les enfants et les personnes âgées, nous mettons parfois notre bras autour de leurs épaules ou nous les serrons dans nos bras pour essayer de les réconforter.

Nous serrons la main des gens, ce qui est un échange non verbal important. À l'origine, ce geste signifiait que nous présentions notre main sans arme pour montrer que nous venions en ami. Aujourd'hui, il signifie que nous donnons notre parole, que l'échange qui suivra sera ouvert et que nous sommes dignes de confiance. Les femmes qui sont en affaires devraient se pratiquer jusqu'à ce qu'elles se sentent à l'aise pour serrer la main fermement. Lors d'une entrevue, les candidats devraient présenter leur main d'abord, plutôt que d'attendre que leur éventuel employeur le fasse. Cela indique un haut degré de confiance, difficile à démontrer autrement.

Lorsque vous êtes intéressé par ce que les autres disent, vous pouvez vous pencher vers l'avant. Vous pouvez aussi vous penchez lorsque vous désirez être la prochaine personne à parler.

Lorsque les gens se sentent en position d'autorité, ils démontrent souvent leur domination en interrompant les autres délibérément. Ils se tiennent les jambes écartées et les mains sur les hanches (une position parentale). Ils peuvent négliger de s'écarter lorsqu'ils entrent en collision avec les autres. Ils peuvent regarder dans les yeux plus longtemps et mettre ainsi les autres mal à l'aise, ou se pencher audessus de l'épaule des gens pour regarder leur travail. (Si quelqu'un vous fait cela, arrêtez de travailler et utilisez la technique de la rétroaction pour expliquer ce que cela vous fait.)

Les hommes qui veulent montrer leur pouvoir s'assiéront à califourchon sur une chaise. D'autres mettront leurs pieds sur le bureau et prendront soin de les y laisser lorsque quelqu'un entre dans la pièce.

Les gens avides de pouvoir prennent souvent plus d'espace sur un banc ou un divan qu'ils ne devraient.

N'encouragez pas ces gens à le faire aux dépens des autres. Faites quelque chose.

Je me souviens d'une occasion où j'avais voyagé toute la journée et où j'étais très fatiguée. Je devais faire une escale d'une heure à l'aéroport. Il était bondé de voyageurs. J'observais un homme qui était assis au bout d'un banc. Son porte-document, sa valise et son manteau prenaient le reste du banc.

Je me suis approchée et je lui ai demandé: «Est-ce votre porte-document?» Il me fit signe que oui. J'ai enlevé le porte-document du banc et je l'ai placé en face de lui. «Est-ce votre valise?» Il me fit signe que oui. J'ai enlevé la valise et je l'ai placée devant lui.

Avant que je n'ai eu le temps de lui demander s'il s'agissait de son manteau, il l'a enlevé et l'a placé sur ses jambes. Je lui ai souri et j'ai pris place juste à côté de lui.

Peu de temps après, deux voyageurs vinrent nous rejoindre sur le banc. Le langage de leur corps et leur sourire me remerciaient pour ce que j'avais fait.

Les gens qui manquent d'assurance le démontrent aussi par le langage de leur corps. Leur posture dégage un sentiment de défaite; ils ont peu de contact avec les yeux de leur interlocuteur et leur voix est douce. Ils prennent aussi peu de place que possible et affichent un sourire figé.

Les gens qui mentent se trahissent souvent par des signes non verbaux. Lorsque les gens sont honnêtes avec vous, le langage de leur corps indique habituellement la franchise. Ils montrent leurs mains ouvertement par exemple. Lorsqu'ils cachent quelque chose, le langage de leur corps change. Ils peuvent cacher leurs mains dans leurs poches ou dans leur dos. Si vous les accusez de quelque chose, ils vous diront, le regard incrédule: «Qui, moi?» Ils peuvent porter leur main à leur poitrine. (C'est un signe non verbal d'honnêteté. NOTE: Le geste de la main sur la poitrine peut signifier, chez la femme, un geste de défense qui montre une surprise ou un choc soudain.) Mais le reste du langage de leur corps peut contredire cela. Recherchez les signes suivants. La personne :

- évite de regarder dans les yeux (habituellement, elle regarde vers le bas);
- cligne des yeux rapidement;
- a un tic nerveux ou avale à plusieurs reprises;
- s'éclaircit la gorge et se mouille les lèvres souvent;
- se couvre la bouche lorsqu'elle parle;
- hausse les épaules;
- se frotte le nez;
- se gratte la tête en parlant;
- se met une main sur la gorge;
- se frotte en arrière du cou.

TOUCHER OU NE PAS TOUCHER

Dans son livre *Le Langage silencieux,* le Dr Edward T. Hall démontre que le conditionnement et les antécédents culturels affectent considérablement notre langage corporel et notre réaction face au langage corporel des autres. Il est bien connu, par exemple, que les Italiens touchent beaucoup plus souvent les gens que les Nord-Américains, qui reculent devant ce qu'ils perçoivent comme une familiarité. Ils peuvent penser que les Italiens sont arrogants. D'autre part, les Italiens peuvent penser que les Américains sont froids et réservés. Si vous avez affaire à des gens d'autres cultures, *Le Langage silencieux* est un livre qui vaut la peine d'être lu.

Parce qu'on accorde de plus en plus d'attention au harcèlement sexuel, plusieurs personnes évitent tout contact physique avec leurs collègues. Cependant, le toucher peut être une forme de communication précieuse et souvent thérapeutique. Surtout pour ceux qui travaillent dans le domaine de la santé, il est important de savoir quand utiliser cette forme de communication non verbale.

Les personnes en deuil

Les adultes ont tendance à ériger des barricades pour cacher leur douleur. Ils peuvent avoir besoin d'être rassurés verbalement avant de laisser les autres les réconforter physiquement. Cela peut arriver lorsqu'une personne perd un membre de sa famille ou un ami intime. Les personnes en deuil ont vraiment besoin d'être réconfortées; mais elles peuvent repousser les autres parce qu'elles se sentent trop vulnérables pour confier leurs sentiments. Elles ont peur de craquer si elles expriment trop d'émotions et elles peuvent repousser les autres ou rester froides devant leur réconfort. N'abandonnez pas. Recherchez les signes non verbaux qui vous indiqueront qu'elles sont prêtes à être réconfortées physiquement.

Les personnes âgées

Dans les foyers, on peut souvent observer des personnes âgées qui caressent leur couvre-lit ou un morceau de tissu doux.

Pour plusieurs personnes âgées, être caressées par les autres est un luxe qu'elles ne connaissent pas. Elles reçoivent bien sûr de l'attention de la part du personnel, mais elles sont rarement touchées avec tendresse. Leurs parents et leurs amis viennent les visiter, mais souvent ils ne leur tiennent même pas la main.

Durant toute notre vie, nous avons besoin d'être touchés avec affection. Si les autres sont grincheux ou malheureux, il se peut que ce besoin ne soit pas comblé.

Les personnes hospitalisées

Lorsque les gens sont hospitalisés, ils peuvent avoir la sensation d'être isolés et de manquer du réconfort qu'apporte le toucher physique. Ils sont aussi craintifs, apeurés et inquiets de ce qui leur arrivera ou de ce qui leur est arrivé dans ce milieu étranger.

Une petite tape sur l'épaule ou quelqu'un qui leur tient la main peut jouer un rôle important dans le processus de convalescence. Rien ne combat mieux la solitude que la consolation et le réconfort de ceux qu'on aime. Essayez de combler ce besoin lorsque vous visitez quelqu'un à l'hôpital. Même un petit geste amical montre que vous vous intéressez à cette personne.

La bulle d'intimité

Nous avons tous une bulle d'intimité autour de nous. Il s'agit d'une limite d'espace que nous devons maintenir pour nous sentir en sécurité. Pour la plupart des gens, cette limite se situe entre 20 et 30 centimètres de leur corps.

Il y a plusieurs types de distance que nous gardons normalement entre nous et les autres. Elles sont :

- La bulle d'intimité. Seules les personnes en qui nous avons confiance sont bienvenues dans notre bulle d'intimité. Nous accueillons les gens qui nous sont chers, mais nous devons souvent endurer les autres. Cela peut être au théâtre, dans un autobus, lors d'un séminaire ou dans un ascenseur. Vous pouvez probablement penser à des centaines de situations où vous avez dû tolérer ce rapprochement.

  Observez-vous lorsque vous êtes dans un ascenseur. Vous vous repliez naturellement sur vous-même et vous prenez aussi peu de place que possible. Si vous touchez un étranger par accident, vous vous excuserez automatiquement et vous vous retirerez. La même chose se produit dans une file d'attente à la banque.

- La distance personnelle est l'espace que vous gardez normalement entre vous et les autres lorsque vous avez assez d'espace pour être à l'aise. Elle se situe entre un mètre et un mètre et demi, selon l'espace dont vous avez besoin pour être à l'aise et votre niveau d'intimité avec la personne. Dans un ascenseur, dès que la foule diminue, les gens s'éloignent automatiquement les uns des autres.

- La distance sociale se situe entre un mètre et quart et deux mètres. Les étrangers et les connaissances assis sur un divan lors d'une réception essaieront de garder cette distance.
- La distance sociale éloignée. Cela peut se produire lors d'une grande réception ou lors d'une conférence; il s'agit de la distance entre le conférencier et son auditoire.
- La suprématie territoriale. En plus de garder un certain espace autour de nous, nous essayons de garder un contrôle physique sur ce que nous croyons nous appartenir. Ce peut être notre bureau au travail, notre cuisine, notre chambre, notre atelier, notre bateau, notre voiture ou, encore, notre brosse ou notre peigne. Les autres peuvent utiliser ces lieux et ces objets seulement s'ils ont notre permission. C'est pourquoi nous pouvons réagir violemment si quelqu'un prend quelque chose sans notre permission.

La réceptionniste d'un bureau est souvent victime d'invasion territoriale. Les autres travailleurs pensent qu'ils peuvent se servir de la bouteille de correcteur ou de l'agrafeuse qui se trouve sur son bureau. Ils peuvent même ouvrir le tiroir de son bureau pour prendre ses ciseaux ou sa règle. Essayez de vous rappeler qu'il s'agit de son bureau. Ne prenez rien sans demander la permission. Si vous êtes réceptionniste, désignez un endroit commun où vous garderez ces articles. Par exemple, gardez une bouteille additionnelle de correcteur, une agrafeuse, une règle et une paire de ciseaux sur le dessus d'un classeur. Indiquez à vos collègues qu'ils peuvent se servir de ces articles mais que votre bureau vous appartient.

Les gens ont un avantage psychologique lorsqu'ils sont dans leur territoire. Les vendeurs en sont bien conscients.

Si le client se rend au commerce du vendeur, ce dernier a l'avantage du terrain. Si le vendeur se rend au bureau du client, ce dernier a l'avantage. C'est pourquoi le vendeur essaie souvent de trouver un terrain neutre pour vendre ses produits.

Cette vérité psychologique vaut aussi pour le superviseur qui doit discipliner un employé. Si la situation n'est pas sérieuse, le superviseur se rendra probablement sur le territoire de l'employé afin que ce dernier ne se sente pas menacé. Il peut aussi s'arranger pour discuter en terrain neutre comme dans un bureau vacant ou à la cafétéria. L'intimité est nécessaire dans tous les cas.

Pour un problème plus sérieux, le superviseur demandera probablement à l'employé de venir dans son bureau où il a plus de pouvoir et où les employés se sentent moins en sécurité. Il y a aussi des degrés d'intimidation. Pour l'employé, l'endroit le moins menaçant est autour d'une table ronde. Ensuite, à côté du bureau du superviseur. La situation la plus menaçante pour l'employé est lorsque le superviseur est assis derrière son bureau et que l'employé est en face de lui. Pour augmenter l'effet suffocant, le superviseur peut faire en sorte que l'employé soit assis dans une chaise plus basse que la sienne. Le superviseur de petite taille peut se tenir debout pour donner une impression de puissance.

Le contact des yeux

La variation dans la durée du contact des yeux en dit long. Pour qu'une personne soit à l'aise, un regard dans les yeux doit durer trois secondes. Si vous fixez l'autre personne dans les yeux plus longtemps que trois secondes, vous envahissez son espace personnel aussi directement que si vous lui touchiez. Plusieurs personnes agressives utilisent un regard fixe pour intimider les autres. Elles pourraient être à 50 mètres de vous et vous sentiriez encore qu'elles envahissent votre espace.

Vous avez peut-être vous-même utilisé un contact prolongé des yeux lorsque vous étiez très en colère contre quelqu'un. Vous le regardiez droit dans les yeux en parlant. Si l'on dit de quelqu'un: «Il avait des couteaux à la place des yeux», cette personne avait probablement un contact des yeux trop long, possiblement renforcé par une expression de colère.

Le clignement des yeux peut indiquer un mensonge ou de la nervosité. L'absence de clignement avec un regard dans les yeux peut signifier que la personne ment et observe votre réaction ou que la personne est extrêmement intéressée par ce que vous dites.

Un clin d'oeil peut démontrer de l'intimité ou un manque de sérieux. Il peut s'agir, dans de nombreux cas, de parents qui disent un mensonge pieux à leurs enfants.

Les disputes

Si vous devez servir d'arbitre dans une dispute, je vous suggère de tester votre connaissance du langage corporel. Le langage corporel des spectateurs qui observent la dispute peut vous indiquer ce qu'ils pensent et de quel côté ils sont. S'ils ont la chance de connaître les faits, ils prendront partie automatiquement. Lorsque cela se produit, ils copient le langage du corps de la personne qu'ils approuvent. Plus il y a d'observateurs, mieux c'est, car ils prendront partie inconsciemment. Vous aurez alors une longueur d'avance pour arbitrer la dispute.

CHAPITRE QUATRE

Négocier avec des clients difficiles

LES TECHNIQUES ET LES PRINCIPES GÉNÉRAUX

Pour certains d'entre nous, les personnes les plus difficiles et les plus exaspérantes sont les clients. Les compagnies défendent habituellement à leurs employés de rendre la pareille aux clients qui ont un comportement négatif. Les employés se sentent alors souvent stressés et frustrés.

Ceux qui travaillent avec le public et qui représentent une compagnie sont susceptibles de perdre leur sang-froid. Cela est particulièrement vrai s'ils doivent négocier avec des clients en colère ou insatisfaits, au téléphone ou en personne. Les clients insatisfaits peuvent être irritables, impolis, obstinés, impatients, émotifs ou agressifs. Ils choisissent souvent un représentant de la compagnie (peut-être vous) pour être la cible de leur colère. La façon dont vous traiter le problème fera toute la différence pour les deux parties. Mettons-nous à la place du client pour un instant.

LE SERVICE À LA CLIENTÈLE

Comme vous et moi, les clients apprécient un service courtois. Les employés peuvent parfois oublier que le client a toujours raison. Certains employés donnent l'impression à leur client qu'il interrompt leur vrai travail en demandant de l'aide. Un tel comportement sous-entend que l'employé fait une faveur au client en l'aidant. En réalité, les besoins du client devraient avoir préséance sur le reste du travail de l'employé.

Malheureusement, plusieurs personnes travaillent dans l'industrie des services simplement parce qu'elles y ont trouvé un emploi. Elles n'y sont pas à leur place. Si vous travaillez dans un commerce ou avec le public, demandez-vous: «Est-ce que j'aime servir les gens?» «Est-ce que je désire mettre un peu de gaieté dans leur journée?» Si votre réponse est non, changez d'emploi.

La société devrait se donner pour objectif de créer une façon de vivre qui permettrait aux gens de servir les autres sans se sentir subalternes.

Certains hommes croient que servir les autres (à la maison ou au travail) est exigeant ou que c'est un travail de femme. Ils pensent perdre leur virilité en servant les autres.

Le ton de votre voix et le langage de votre corps vous trahissent. Il y a une différence énorme entre commencer une conversation avec un «oui» sec et dire en souriant: «Bonjour, que puis-je faire pour vous aujourd'hui?» Dans une étude effectuée dans un grand magasin, j'ai découvert que six vendeurs sur dix ne souriaient jamais. Ils donnaient l'impression de faire une faveur au client en les servant.

Le service à la clientèle n'est pas seulement important pour ceux qui travaillent dans les magasins et les restaurants. Tous les genres d'organisations qui existent dans la société ont besoin d'un service à la clientèle adéquat. L'impolitesse, l'impatience et l'insensibilité ne sont pas compatibles avec la vente professionnelle. Malgré tout, les vendeurs affichent plusieurs de ces traits négatifs pour plusieurs raisons. Le manque de civilité et de respect, l'indifférence, un service lent, l'ignorance des services offerts par la compagnie, les erreurs et les comportements négatifs rebutent les clients et leur laissent un mauvais sentiment. Les clients réagissent souvent à un mauvais service en s'éloignant simplement.

Les clients sont attirés par les endroits qui leur procurent une bonne sensation. La façon dont les employés agissent avec les clients est beaucoup plus importante que tout l'argent que la compagnie dépense en publicité et en promotion.

Comment pouvez-vous améliorer votre service à la clientèle? Si vous recherchez des façons de donner un meilleur service et de rendre vos clients plus contents, vous aurez du succès partout où vous travaillerez.

Ceux qui ont le plus de succès dans un commerce ou avec le public partagent un trait commun. Ils apprennent tout ce qu'ils peuvent sur la compagnie pour laquelle ils travaillent et sur la façon de mieux servir leurs clients. Les employés bien informés savent:
— ce que la compagnie fait;
— qui occupe les postes clés;
— pourquoi la compagnie fonctionne de cette façon;
— quels produits ou services sont offerts par la compagnie;
— quels sont les questions ou les problèmes susceptibles de se présenter;
— comment ils peuvent aider les clients plus efficacement.

Les employés qui ont du succès réussissent à trouver ce que les clients désirent et à quoi ils s'attendent. Ils le découvrent en posant des questions et en écoutant bien les réponses. Ils prévoient les questions au sujet des produits ou des services que la compagnie offre.

Écoutez-vous vos clients et essayez-vous honnêtement de les aider? Les tenez-vous informés sur ce que vous faites pour répondre à leurs besoins? Leur laissez-vous savoir exactement à quoi s'en tenir? Les gens acceptent presque toujours une évaluation précise ou une explication honnête à propos des délais.

Vous pensez peut-être que votre emploi est ennuyant et routinier; mais vous insultez votre client si vous lui faites sentir qu'il n'est pas important ou si vous avez l'air ennuyé par votre travail. Les clients arrêtent d'acheter ou changent d'endroit si le vendeur ne s'arrange pas pour faire de la vente un moment plaisant.

En essayant encore une fois de vous mettre à la place du client, examinez les situations suivantes et demandez-vous si vous les avez déjà rencontrées :

- Vous avez cinq ans et vous attendez à un comptoir de crème glacée. Vous regardez les adultes qui sont plus grands (qui sont arrivés après vous) être servis avant vous.
- Vous arrivez au restaurant, vous vous assoyez et vous regardez les autres qui sont en train d'être servis. Certaines personnes qui sont arrivées après vous ont déjà commencé à manger lorsqu'on prend votre commande.
- Vous entrez dans un grand magasin et vous attendez patiemment que le vendeur finisse de bavarder pour qu'il puisse vous répondre.
- Vous allez faire le plein et faire vérifier l'huile. Plus tard, vous découvrez que le pompiste a laissé des traces de doigts huileux partout sur votre voiture fraîchement lavée.
- Vous avez réservé une chambre mais l'employé de la réception vous jette des regards sceptiques parce qu'il ne peut pas trouver votre réservation.
- Il pleut très fort et il n'y a pas de liquide dans le lave-glace de la voiture que vous avez louée.
- Vous avez demandé votre déjeuner au service des chambres pour sept heures du matin. Malheureusement, vous devez vous en passer, car il n'est pas

arrivé lorsque vous quittez votre chambre vers huit heures trente.

- Vous avez besoin d'argent et vous vous faites un chèque. Vous le présentez à la caissière de la banque où vous faites affaire régulièrement. La caissière vous jette un regard méfiant et vous demande deux pièces d'identité.

Je suis certaine que plusieurs de ces exemples vont sont familiers. Les compagnies doivent être conscientes qu'un client mal servi ne reviendra peut-être jamais. Je suis amusée de voir des compagnies dépenser de grosses sommes pour ramener leurs clients qui ne seraient peut-être jamais partis s'ils avaient reçu un meilleur service et si on avait fait preuve d'un peu de courtoisie à leur égard. C'est tout ce que les clients attendent de vous.

Les vrais torts surviennent lorsque les clients sortent du magasin comme des ouragans. Plusieurs ne reviendront pas et, en plus, ils parleront du mauvais service de ce magasin à tous leurs amis. Si un client en colère vous demande de l'aide, vous avez l'occasion d'éviter qu'il fasse du tort à votre commerce. Le vrai désastre ne s'est pas encore produit. Et si vous faites face à la situation correctement, il ne se produira pas. Souvenez-vous qu'une fois que vous avez perdu un client, il est deux fois plus difficile de le ramener.

Avez-vous déjà quitté un magasin (même si vous vouliez y acheter quelque chose) simplement parce que vous ne pouviez pas obtenir de service? Si les clients savent qu'ils recevront un bon service, ils peuvent être prêts à payer plus pour le même article ou à accepter un substitut à la place de leur premier choix.

Lorsque je suis insatisfaite du service ou que je n'obtiens pas ce que je cherche, j'ai deux choix : a) je peux décider de ne jamais revenir; b) je peux accorder une deuxième chance au coureur. J'ai appris à donner une deuxième chance aux compagnies en portant plainte auprès de quelqu'un qui est en position de corriger la situation.

Il m'est arrivé d'avoir un mauvais service avec une compagnie aérienne. Au lieu de voyager avec une autre compagnie (une solution sûre), j'ai choisi de parler au superviseur du préposé aux billets qui m'avait offusquée. J'ai expliqué mon problème au superviseur qui m'a fait le commentaire suivant :

«Si vous êtes satisfaite de notre compagnie, dites-le à tout le monde. Si vous n'êtes pas satisfaite de notre service, dites-le moi, car je suis en position pour faire quelque chose.» Il me promit de parler à l'employé.

Voici quelques situations que vous avez peut-être déjà vécues. Pensez à ce que vous feriez si:

1. Vous travaillez pour une compagnie qui vend des pièces d'auto. Vous servez les clients au comptoir. Un client entre en se précipitant vers vous. Il sait que vous êtes en train de servir un autre client. Il donne l'impression d'être pressé en balançant son poids d'un pied à l'autre, en regardant sa montre et en soupirant. Comment pouvez-vous faciliter son attente?

Souvenez-vous qu'il n'y a rien de plus frustrant que d'attendre impatiemment l'aide de quelqu'un pendant que cette personne fait semblant de vous ignorer. La première chose à faire est de signaler que vous avez remarqué la présence du client. Vous pouvez le faire en disant : «Je suis à vous dans un instant.»

2. Vous avez fini avec votre premier client. Vous faites signe à l'homme qui s'approche du comptoir. Que devriez-vous lui dire pour qu'il se sente à l'aise malgré son attente?

Dites: «Merci d'avoir attendu. Que puis-je faire pour vous?»

3. Votre client vous montre un formulaire qu'il a reçu par la poste et qu'il a rempli. Mais quelqu'un lui a fait parvenir le mauvais formulaire de commande. Vous lui expliquez qu'il s'agit du mauvais formulaire et il se met en colère. Que devriez-vous répondre?

Votre première réaction serait de dire:

«Je vois. Mais ce n'est pas moi qui vous ai envoyé le mauvais formulaire» (vous défendre) ou «George, vous l'a probablement envoyé par erreur» (blâmer quelqu'un d'autre). Cela l'aidera-t-il? Bien sûr que non. Il ne veut pas savoir qui lui a envoyé le mauvais formulaire. Tout ce qu'il veut, c'est ses pièces d'auto!

Vous devriez dire:

«Je suis désolé que vous ayez reçu le mauvais formulaire. Je vous comprends d'être contrarié, car je le serais moi aussi. Laissez-moi vous aider à remplir le bon formulaire.» Dans cette transaction, vous n'avez pas refilé la responsabilité à quelqu'un d'autre. En plus de vous être excusé pour l'erreur et de sympathiser avec la personne, vous prenez des mesures concrètes pour corriger le problème.

4. Supposez que vous avez vous-même envoyé le mauvais formulaire. Dites-vous: «Nous avons changé notre système et nous n'utilisons plus ce formulaire» (refiler la responsabilité) ou admettez-vous votre erreur: «Je suis désolé, j'ai fait une erreur. Voici le formulaire que j'aurais dû vous envoyer. Laissez-moi vous aider à le remplir pour sauver du temps»?

NÉGOCIER AVEC UN CLIENT FRUSTRÉ

Voici quelques-unes des frustrations identifiées par des clients qui peuvent conduire à la colère:

BESOIN	PROBLÈME :	SATISFACTION DU BESOIN
	PERSONNE NE M'ÉCOUTE. QUELQUE CHOSE NE VA PAS. JE NE PEUX PAS OBTENIR VOTRE AIDE. CE PRODUIT NE MARCHE PAS.	

La première étape est de déterminer le problème du client. Vous pouvez ensuite vous concentrer pour le résoudre.

Si le client croit que personne ne l'écoute et passe sa frustration en criant après vous, comment pouvez-vous lui montrer que vous écoutez? En utilisant votre langage corporel et en paraphrasant ce qu'il dit pour vous assurer que vous comprenez bien. Ensuite, vous posez des questions pour en savoir plus sur le problème. Cela devrait aussi vous aider à traiter d'autres genres de problèmes.

NÉGOCIER AVEC UN CLIENT EN COLÈRE

Souvenez-vous qu'un client en colère a probablement un besoin insatisfait et qu'il croit que vous êtes en mesure de l'aider. Cependant, il peut être plus efficace de ne pas se concentrer immédiatement sur le problème.

D'abord, négociez avec les sentiments de votre client. Faites preuve de compréhension et mettez-vous à sa place. Par exemple, dites-lui: «Je vous comprends d'être en colère et je le serais moi aussi.» Écoutez attentivement, gardez le contact avec vos yeux, hochez la tête, etc. Posez des questions pour clarifier le problème: «Qu'est-il arrivé?» ou «Cet article ne vous convenait pas?» Puis, utilisez la rétroaction pour montrer au client que vous avez compris son problème ou la cause de sa colère.

Puis, attaquez-vous au problème. Une fois que vous vous êtes occupé des sentiments de votre client, vous êtes maintenant prêt à vous attaquer à son problème. Essayez de voir ce qu'on attend de vous. Dites quelque chose comme: «Je vois que nous avons un problème. Que voudriez-vous que je fasse pour vous aider?» Plusieurs employés oublient de poser cette question. Pourtant, c'est un outil très utile pour résoudre les problèmes. Souvent, les clients ne savent pas vraiment ce qu'ils veulent de vous. Vous devriez d'abord clarifier ce qu'ils attendent de vous et, ensuite, prendre des mesures pour résoudre leur problème.

Que devez-vous dire si vous ne pouvez pas faire ce qu'une personne vous demande? Si vous lui dites simplement que vous ne pouvez pas le faire, la personne sera mécontente et elle aura raison. Cependant, si vous pouvez lui offrir d'autres solutions, la personne sera moins mécontente. Lorsque vous ne pouvez pas satisfaire les besoins de votre client, dites-lui ce que vous pouvez faire et ce qui se rapproche le plus de ce qu'il demande. Donnez à la personne au moins deux choix mais pas plus de trois. Plus que trois choix peut être déroutant. Ainsi, vous redonnez le contrôle de la situation à votre client. Dans sa tête, il a repris le contrôle de la situation et ainsi, les deux parties en sortent gagnantes.

S'il n'y a pas d'autre choix, expliquez les règlements et les politiques de la compagnie qui vous empêchent de répondre à la demande de votre client. Expliquez-lui seulement ce qui s'applique à sa situation. Puis, essayez de trouver un plan d'action avec lui (ou un choix que vous avez suggéré) afin que vous sachiez tous les deux à quoi vous attendre. Assurez-vous de faire ce que vous avez dit que vous feriez. Comme touche finale, et pour montrer que vous vous intéressez à son problème, insistez pour que votre client vous rappelle s'il a encore des problèmes.

NOTE : N'oubliez pas que tous les problèmes ne sont pas faciles à régler. Vous n'êtes peut-être pas en mesure de satisfaire votre client, mais vous pouvez négocier afin qu'il n'y ait ni gagnant ni perdant.

CORRIGER VOS PROPRES ERREURS

Que pouvez-vous faire lorsque vous faites une erreur? D'abord, n'ayez pas honte de l'admettre. Puis dites : «Je suis désolé pour ce qui est arrivé. Voyons ce que je peux faire pour corriger mon erreur.» Puis, corrigez votre erreur. Vous n'avez pas à vous défendre avec des phrases comme: «Nous avons été débordés; c'est pour cela que j'ai fait une erreur.» Peu importe ce que vous faites, n'ignorez pas le problème, car cela ne fera qu'aggraver la colère de votre client envers vous et votre compagnie.

Avez-vous de la difficulté à admettre que vous avez commis une erreur? Nous faisons tous des erreurs et la plupart d'entre nous n'aiment pas l'admettre. Mais lorsque quelqu'un fait une erreur et l'admet, nous le respectons davantage. La plupart des gens croient faussement que les autres les respecteront moins s'ils admettent leurs erreurs. Mais c'est le contraire qui se produit. Vous avez fait une bévue, vous l'avez admis et vous êtes prêt à remédier au problème. C'est beaucoup plus avantageux pour les deux parties. Si votre client continue à argumenter, dites : «Que voudriez-vous que je fasse pour corriger votre problème?»

UTILISER LA TECHNIQUE DE L'ENREGISTREUSE BLOQUÉE

«Je dois faire respecter les règlements par les clients. Ils n'aiment pas plusieurs de ces règlements et je ressens une tension lorsqu'ils insistent pour que je fasse une exception pour eux.»

Il s'agit d'un des nombreux problèmes qui peuvent être traités efficacement avec la technique de l'enregistreuse bloquée.

Par exemple, vous pourriez dire: «Je comprends votre frustration mais je ne peux pas faire une exception pour tout le monde.» Ou: «J'aimerais bien faire une exception dans votre cas, mais je ne peux pas.» Si la personne continue à se plaindre, répétez calmement tout ce que vous venez de dire. Répétez-le à nouveau si la personne continue à vous harceler. N'élevez pas la voix et ne vous mettez pas sur la défensive. Vous verrez que la troisième fois que vous le répéterez, votre client vous écoutera. Lorsque vous ne pouvez pas faire ce qu'une personne vous demande, souvenez-vous que vous devez essayer de lui donner au moins deux solutions de rechange, si c'est possible.

UTILISER LE TÉLÉPHONE

Si vous êtes comme moi, lorsque vous tombez sur une personne qui répond au téléphone de façon incorrecte, la bonne impression que vous aviez de cette compagnie en prend un coup. Souvenez-vous que si vous répondez au téléphone incorrectement, vous avez des chances de repousser des clients potentiels et même, des clients réguliers.

Créer une bonne impression est primordial pour votre compagnie. Vous êtes peut-être le premier, et dans certains cas, le seul contact que ce client a avec votre compagnie. Voici quelques suggestions:

Les bonnes manières au téléphone

1. Répondez rapidement; après la première sonnerie si c'est possible.

2. Transférez les appels efficacement (voir «Les réponses téléphoniques» plus loin).

3. Faites rapport à la personne qui attend.

4. Ne placez jamais votre main sur le téléphone. Le client pensera que vous êtes sournois ou que vous parlez de lui.

5. Peu importe comment vous vous sentez, ne passez pas votre mauvaise humeur sur le dos d'un client.

6. Gardez votre sang-froid avec les clients difficiles.

7. Excusez-vous si vous faites une erreur.

8. Essayez de donner un service additionnel. Le client s'en souviendra plus tard.

9. Apprenez la bonne manière de recevoir et de faire des appels interurbains.

10. Apprenez les techniques de la rétroaction et de la paraphrase pour bien comprendre les messages.

11. Lorsque vous notez un nom, demandez à la personne de l'épeler. Puis, entre parenthèses, ajoutez la prononciation phonétique afin de le prononcer correctement.

12. Si vous quittez votre poste, assurez-vous de le faire savoir à la réceptionniste ou demandez à quelqu'un de répondre à votre téléphone.

13. Gardez du papier et un crayon près de chaque téléphone.

14. Si vous devez laisser la ligne en attente pour aller chercher des renseignements, demandez à votre interlocuteur s'il préfère patienter ou que vous le rappeliez.

15. Si votre interlocuteur vous demande un renseignement que vous ne pouvez pas lui donner, dites-lui que vous le rappellerez quand vous aurez la réponse. Rappelez-le vous-même ou demandez à quelqu'un qui est plus familier avec le sujet de le faire. Mais assurez-vous que quelqu'un rappelle le client. La dernière suggestion est souvent préférable, car la personne pourra avoir d'autres questions pendant la conversation.

16. Utilisez le nom de la personne lorsque c'est possible (sans exagérer). Pratiquez-vous à prononcer son nom correctement.

17. Faites vos appels interurbains vous-même. Demander à votre secrétaire de les faire est souvent une perte de temps pour votre client. Cela lui fait penser que votre temps est plus précieux que le sien.

18. Ayez des notes à portée de la main afin de ne pas oublier les détails importants. Si vous devez rappeler quelqu'un, ces notes vous aideront à vous souvenir de tout ce que vous vouliez dire.

19. Identifiez-vous lorsque vous répondez au téléphone, par exemple: «Benoît Langlois. Expédition.»

Souvenez-vous qu'il faut être poli et plaisant si vous voulez que votre interlocuteur se sente important. Vous voulez éviter de lui faire perdre du temps ainsi qu'à votre compagnie et, surtout, vous voulez l'aider dans sa démarche.

Quelques réponses correctes vous permettront d'atteindre ces objectifs dans la plupart des situations que vous rencontrerez. Un certain nombre de ces réponses sont énumérées ci-dessous.

Les réponses téléphoniques

Situation	Réponse
Vous répondez au téléphone	Expédition. Benoît Langlois à l'appareil.
La personne est occupée sur une autre ligne.	M. Langlois est occupé sur une autre ligne. Désirez-vous patienter ou préférez-vous qu'il vous rappelle?
La personne s'est absentée de son bureau pour quelques minutes.	M. Langlois n'est pas à son bureau présentement. Puis-je prendre le message?
La personne qui appelle s'est trompé de poste.	Vous devriez parler à notre service de comptabilité. Puis-je vous mettre en communication avec quelqu'un de ce service?

La personne appelée est en réunion jusqu'à trois heures.	M. Langlois est en réunion jusqu'à trois heures. Puis-je lui demander de vous rappeler?
La personne appelée est avec un client.	M. Langlois est avec un client. Puis-je lui demander de vous rappeler?
La personne appelée a quitté le bureau pour l'après-midi.	M. Langlois ne reviendra pas au bureau cet après-midi. Peut-il vous rappeler demain?
Vous avez besoin de savoir qui appelle.	Puis-je dire à M. Langlois qui l'appelle, s'il-vous-plaît?
La personne n'est pas encore arrivée.	M. Langlois n'est pas dans le bureau présentement. Puis-je lui demander de vous téléphonez. *NOTE :* Évitez de dire: «Il n'est pas encore arrivé.» Cela donne l'impression qu'il est en retard.
La personne appelée est malade.	M. Langlois n'est pas ici aujourd'hui. Puis-je lui demander de vous rappeler ou quelqu'un d'autre peut-il vous aider?
Vous devez faire patienter la personne qui appelle.	M. Langlois est toujours au téléphone. Puis-je prendre un message ou lui demander de vous rappeler?
Vous reprenez un appel en attente.	Merci d'avoir patienté.

La personne appelée est à l'extérieur de la ville.	M. Langlois ne reviendra pas au bureau avant le 4 juin. Puis-je prendre un message ou quelqu'un d'autre peut-il vous aider? *NOTE :* Évitez de dire qu'il est à l'extérieur de la ville. Cela pourrait donner un indice aux voleurs.
Vous répondez à un appel qui vous est transféré.	Service de comptabilité, Benoît Langlois. Puis-je vous aider?
La personne appelée n'est pas au bureau mais elle doit revenir.	M. Langlois ne sera pas au bureau avant deux heures. Puis-je lui demander de vous rappeler?
La personne appelée est allée prendre un café.	M. Langlois devrait revenir dans environ vingt minutes. Puis-je lui demander de vous rappeler?
La personne appelée est partie dîner.	M. Langlois devrait revenir vers une heure. Puis-je lui demander de vous rappeler? *NOTE :* Ne dites pas: «Il est parti dîner.» Cela pourrait être interprété comme un manque d'énergie.
La personne appelée est occupée et ne veut pas être dérangée.	M. Langlois n'est pas disponible avant trois heures. Quelqu'un d'autre peut-il vous aider ou puis-je prendre un message?

Vous terminez un appel télé-phonique.	Merci d'avoir appelé. Au revoir.
Vous téléphonez.	Bonjour. Je suis Benoît Langlois de la compagnie XYZ. Puis-je parler à M. Smith s'il-vous-plaît?

Ne donnez jamais de réponses comme: «Elle est partie dîner il y a une demi-heure. Rappelez-la dans deux heures, elle sera probablement de retour.» ou «Aujourd'hui, c'est jeudi et elle arrive rarement avant 10 h 30 le jeudi». Une telle réponse donne une mauvaise impression de la personne appelée et de la compagnie.

Une réponse qui convient dans une multitude de situations est: «Je suis désolé, M. Langlois n'est pas disponible pour le moment.» M. Langlois peut être assis juste à côté de vous mais il n'est pas disponible pour celui qui appelle. De cette façon, la réceptionniste ou la secrétaire n'a pas à mentir pour son superviseur. Utilisez cette technique lorsque votre superviseur vous demande de mentir en disant qu'il est absent.

UTILISER LE BON SENS ET LES BONNES MANIÈRES

Voici certaines situations où le gros bon sens devrait l'emporter :

1. Votre superviseur vous donne beaucoup de travail et vous dit de ne pas le déranger à moins qu'il n'y ait un feu. Le président de la compagnie téléphone et demande à parler à votre superviseur.

Il y a des exceptions à toutes les règles. Ici, il s'agit évidemment d'une exception.

2. Vous avez l'impression de recevoir souvent les appels d'une compagnie qui a un numéro de téléphone semblable au vôtre.

Ne perdez pas votre temps à vous mettre en colère. Trouvez plutôt le numéro de la compagnie en question et ayez-le sous la main lorsque quelqu'un vous appelle par erreur.

3. Votre service municipal ressemble à un service du gouvernement fédéral. Les gens semblent penser que vous pouvez répondre à toutes leurs questions.

   Préparez un petit boniment pour expliquer la différence entre les deux services et donnez-leur le bon numéro. Ne perdez pas votre sang-froid, car ils n'essaient pas de vous ennuyer.

4. Vous devez escorter un visiteur de la réception au bureau de votre superviseur. Vous :
   a. précédez le visiteur en disant : «Veuillez me suivre, s'il-vous-plaît.»
   b. laissez le visiteur marcher en avant en disant : «C'est au bout du corridor, la première porte à droite.»

La bonne réponse est (a).

5. Vous amenez un visiteur au bureau de votre superviseur. Ils ne se sont jamais rencontrés. Vous :
   a. laissez le visiteur entrer.
   b. annoncez le visiteur en disant : «(Nom de votre superviseur), voici M. Langlois de la compagnie XYZ.»
   c. présentez les deux personnes.

La bonne réponse est (b).

6. Votre superviseur vous appelle dans son bureau alors qu'il y a un visiteur mâle. Le visiteur se tient debout lorsque vous entrez. Devriez-vous :
   a. saluer d'un signe de la tête et vous asseoir.
   b. saluer d'un signe de la tête et dire: «Voulez-vous vous asseoir?»
   c. dire: «Bonjour» et vous asseoir.

Les réponses (a) et (c) sont correctes.

7. L'épouse de votre superviseur arrive au bureau juste avant la fermeture. Devriez-vous :
   a. appeler votre superviseur et suivre ses instructions.
   b. offrir une chaise à la visiteuse dans la réception.
   c. sourire et bavarder jusqu'à ce que votre superviseur soit disponible.

La bonne réponse est (a), à moins que votre superviseur ne soit pas disponible; alors la réponse (b) est correcte.

LES SITUATIONS PARTICULIÈRES

LES BUREAUX DU GOUVERNEMENT

Les employés du gouvernement ont des problèmes particuliers avec leurs clients. Parce que le gouvernement n'est pas en compétition avec d'autres compagnies, les clients n'ont pas d'autre choix. Par conséquent, les gens se rendent aux bureaux du gouvernement par obligation.

Un autre problème que les employés du gouvernement rencontrent est l'attitude des gens : «Vous travaillez pour moi, alors donnez-moi du service!» Les employés du gouvernement doivent accepter cette attitude qui est courante et assez compréhensible.

Étant donné ces faits, les employés du gouvernement doivent être plus aimables et plus ouverts à la communication que les autres types d'employés. Les gens qui les embauchent devraient s'en rappeler lorsqu'ils engagent des employés qui devront travailler avec le public.

LES BUREAUX DE MÉDECINS

«Je travaille dans un bureau de médecins et les gens appellent souvent pour avoir un rendez-vous le jour même. S'il n'y a plus de place ce jour-là et que je suggère 10 heures le lendemain matin, je me retrouve en train d'argumenter. Comment puis-je calmer ces gens et me sentir moins

coupable de ne pas être en mesure de les aider plus rapidement?»

Une réponse pourrait être : «Je suis désolée mais le docteur Grégoire ne peut pas vous recevoir aujourd'hui. Cependant, j'ai deux places demain matin. Préférez-vous 10 heures ou 11 heures?»

Déchargez-vous de toute la culpabilité provoquée par ce problème. Si vous faites votre travail du mieux que vous pouvez, vous n'avez pas à accepter ces sentiments de culpabilité. Dans le premier exemple, lorsque vous ne pouviez pas satisfaire les désirs du client, il a probablement senti qu'il perdait le contrôle de la situation. En lui proposant des choix, vous l'aidez à retrouver la sensation qu'il maîtrise son emploi du temps.

«Je suis réceptionniste dans un bureau de médecins. La semaine dernière, une femme est arrivée avec son fils chahuteur de deux ans. Il commença à frapper sur tout ce qui se trouvait dans le bureau. Je l'ai finalement attrapé et je l'ai déposé sur les genoux de sa mère en disant : «Est-ce que cet enfant vous appartient? Il frappe sur tout ce qui se trouve ici; vous devriez le surveiller.» Cinq minutes plus tard, c'était à son tour de voir le médecin. Elle a eu le culot de me demander de surveiller son fils. Je lui fis savoir que ce n'était pas mon travail de surveiller les enfants. Elle aurait dû amener quelqu'un pour le surveiller, car j'étais trop occupée. Finalement, elle l'amena avec elle mais elle n'était pas contente. Qu'aurais-je pu faire de mieux?»

Cette situation se produit souvent dans les bureaux de médecins, de dentistes ou d'avocats; c'est un très sérieux problème. Ne prenez jamais un enfant et ne le retenez jamais à moins qu'il soit en danger ou qu'il puisse blesser quelqu'un. Si vous le faites, la mère pourrait vous poursuivre pour agression.

Portez le comportement perturbant de l'enfant à l'attention de la mère. Si le comportement persiste, demandez à la mère et à l'enfant de partir. Vous n'avez pas à surveiller l'enfant à moins qu'il y ait une urgence. Souvenez-vous que si vous acceptez de surveiller l'enfant, vous pouvez être tenu légalement responsable si l'enfant se blesse. Consultez les lois de votre province et informez votre superviseur de vos droits et de vos responsabilités si cela fait partie de vos tâches.

Certains bureaux ont dû afficher cet avis: «Vous êtes responsable du comportement de votre enfant. S'il se comporte mal ou cause des problèmes, nous vous demanderons de bien vouloir sortir de la salle d'attente.»

Plusieurs cliniques médicales ont des jouets pour amuser les enfants mais elles indiquent sur une affiche que les jouets sont destinés uniquement aux patients. Cela empêche les parents d'utiliser le personnel pour surveiller les enfants qui ne sont pas là pour voir le médecin. Encore une fois, demandez à votre superviseur de vous indiquer les règles à suivre.

«Je travaille dans un bureau de médecins et les gens qui appellent refusent souvent de me dire la raison de leur visite. Je leur explique que j'ai besoin de le savoir pour déterminer la durée de la consultation. Leur réponse est généralement: «J'ai besoin de le voir seulement pour cinq minutes.» Alors je leur réserve dix minutes; puis je découvre qu'ils ont besoin de quinze ou vingt minutes à cause de la complexité de leur cas. S'ils me l'avaient expliqué dès le début, j'aurais pu évaluer, en me basant sur d'autres cas similaires, de combien de temps ils avaient besoin. Pourquoi les patients font-ils cela? Pensent-ils que c'est par curiosité que je les interroge?»

Vous devez comprendre qu'ils ne veulent pas parler de leurs problèmes intimes; ils veulent en discuter seulement avec leur médecin. Ils peuvent penser que vous n'avez aucun droit de connaître leurs secrets intimes. Essayez d'être compréhensif : «Je sais que c'est personnel mais vous ne m'avez pas donné l'information dont j'ai besoin pour fixer un rendez-vous.» Faites-leur savoir que vous suivez les instructions du médecin. Utilisez la méthode de l'enregistreuse bloquée au besoin. Ou suggérez une autre solution comme: «Voulez-vous que le docteur Côté vous rappelle à ce sujet?»

LES RESTAURANTS ET LES HÔTELS

«Je travaille comme hôtesse dans un restaurant. L'autre jour, une situation s'est présentée et je n'ai pas bien réagi. Il ne restait qu'une seule table disponible. Une femme et son fils se trouvaient au début de la file. Elle m'expliqua que c'était l'anniversaire de son fils et qu'ils n'avaient pas de réservation. Je m'apprêtais à les faire asseoir en leur disant que c'était la dernière table qui me restait lorsqu'un couple m'interpella. «Nous avons une réservation pour 19 heures. Il est 19 heures et c'est votre dernière table. Nous devons être au théâtre à 20 h 30 et nous n'avons pas le temps d'attendre. Nous voulons cette table.» La femme et le couple se disputèrent pour savoir qui devrait avoir la table et, finalement, je fis asseoir le couple qui avait une réservation. La femme et son fils étaient très contrariés et quittèrent le restaurant avant qu'une autre table se libère.»

Il y a certaines situations où, peu importe ce que vous faites, on vous en voudra. Le cas précédent en est un exemple. À cause du peu de tables disponibles, vous auriez dû demander à tous ceux qui attendaient s'ils avaient des réservations. La femme et son fils devaient attendre une autre table. Vous avez choisi la bonne solution.

«Je travaille comme préposé à la réception d'un hôtel. Un jour, une femme est arrivée à cinq heures pour prendre possession de sa chambre. L'hôtel était bondé à cause d'un congrès. Les gens avaient quitté leur chambre très tard et sa chambre n'était pas prête. Elle commença à se plaindre de l'hôtel en disant qu'elle avait eu une terrible journée. La seule chose que je pouvais lui suggérer était une suite hospitalité en attendant que sa chambre soit prête. Elle n'était

pas très contente mais elle accepta. Qu'est-ce que j'aurais pu faire d'autre?»

Informez-vous sur les extra que l'hôtel peut offrir dans une telle situation. Vous auriez pu essayer de lui offrir le choix entre deux choses, par exemple : «Aimeriez-vous une suite hospitalité en attendant que votre chambre soit prête ou préférez-vous me laisser vos bagages et aller au restaurant où l'on vous servira gracieusement un verre ou un repas?» Souvenez-vous qu'à 17 heures, elle aurait pu apprécier un verre ou un repas. Psychologiquement, cette approche lui redonne le contrôle sur la situation, car elle peut choisir ce qu'elle veut faire.

Lorsqu'un client est contrarié par votre compagnie ou par un employé, il mérite une attention et des soins particuliers pour corriger la situation. Cela peut signifier simplement résoudre son problème ou lui offrir une prime en argent ou en marchandise. Les hôtels offrent souvent un panier de fruits ou une meilleure chambre s'ils causent des ennuis à leurs clients.

Quels extra votre compagnie pourrait-elle offrir pour éviter de perdre des clients qui sont légitimement en colère?

«Je travaille comme hôtesse dans une salle de réception. J'étais responsable du bien-être des invités et du service dans la salle. Le système d'air climatisé ne fonctionnait pas bien. J'avais donc affiché des avis «Défense de fumer» un peu partout dans la salle. La réunion allait commencer quand je vis un homme allumer une cigarette. Je lui expliquai que le système d'air climatisé ne fonctionnait pas et je lui demandai d'éteindre sa cigarette. Il commença à s'énerver et à dire qu'il s'agissait de discrimination. J'ai dû appeler le directeur pour réussir à lui faire éteindre sa cigarette. Qu'est-ce que j'aurais dû faire?»

Cet homme avait tous les attributs du «bouffon de la classe». Il avait certainement lu les avis et il savait qu'il ne les respectait pas en allumant une cigarette. Vous auriez dû être prête au pire. Moi, je lui aurais dit que je voulais lui parler à l'extérieur de la salle (ce qui l'aurait éloigné de son auditoire). Puis, je lui aurais expliqué les raisons pour lesquelles il était interdit de fumer.

S'il avait continué à résister, j'aurais utilisé la technique de l'enregistreuse bloquée ou je lui aurais donné le choix entre deux choses. S'il voulait fumer, il pouvait le faire dans le hall ou à la cafétéria mais pas dans la salle de réception. Par la suite, s'il avait continué à vouloir tenir tête, j'aurais été cherché le directeur ou le gardien de sécurité.

LES CENTRES SPORTIFS

«Je travaille dans un centre sportif et je passe une grande partie de mes journées à donner des renseignements concernant l'horaire de la piscine ou de la patinoire. Je trouve cela très ennuyant, car j'ai d'autres choses à faire beaucoup plus pressantes.»

Bien sûr, il n'est pas très stimulant de toujours donner les mêmes renseignements. Mais avez-vous consulté votre description de tâches? Il s'agit probablement de la fonction principale de votre poste. Les appels répétés sont inévitables, car les horaires des centres sportifs changent souvent. Pour diminuer les appels répétitifs, suggérez aux clients de prendre un horaire en passant ou offrez-leur de leur en envoyer un par la poste. Si vous ne pouvez pas vous résigner à accepter ces responsabilités, vous devriez penser que cet emploi ne vous convient pas ou que vous êtes trop qualifié pour ce travail.

LES SERVICES AUX PERSONNES ÂGÉES

«Je dois travailler avec des personnes âgées. De quoi dois-je tenir compte lorsque je négocie avec elles?»

Les personnes âgées sont parfois difficiles. Souvent, leur santé n'est plus aussi bonne qu'elle était. Il est possible qu'elles n'entendent pas bien ou que le processus de leur pensée soit un peu ralenti.

D'autre part, imaginez le désagrément d'une personne alerte de 80 ans si l'on crie parce qu'on suppose qu'elle est sourde. Ceux qui n'entendent pas bien ont habituellement un appareil auditif. N'élevez pas automatiquement la voix avec quelqu'un qui a des cheveux blancs.

De plus, les personnes âgées n'apprécient pas qu'on les traite comme si elles étaient simples d'esprit. Évitez de leur parler comme à des enfants. Si vous n'êtes pas certain qu'elles aient bien compris, encouragez-les à paraphraser.

LES CLIENTS HANDICAPÉS

«Je rencontre souvent un client qui bégaie. Que devrais-je faire dans cette situation?»

Quelle erreur pensez-vous que vous commettons le plus souvent dans une conversation avec une personne bègue? Terminez-vous sa phrase? Si vous terminez sa phrase incorrectement, la personne bègue est obligée de recommencer au début. Imaginez le double ennui que vous lui causez! Les personnes bègues sont souvent anxieuses à l'idée d'être mal interprétées. Vous redoublez leur anxiété lorsque vous interprétez mal ce qu'elles veulent dire en terminant leur phrase. Soyez patient avec elles!

Voici quelques éléments qu'il faut garder en mémoire lorsque nous conversons avec une personne bègue. La plupart des bègues ont une intelligence moyenne ou élevée. Leur cerveau est simplement trop rapide pour ce que leur bouche peut dire. Souvent, lorsqu'ils étaient enfants, leurs parents et leurs professeurs les ont rendus timides à cause de leur problème d'élocution et ils ont aggravé leur problème.

Commencez par faire savoir aux personnes bègues que vous êtes prêt à les écouter. Pour ce faire, utilisez de bonnes techniques d'écoute. Ayez un bon contact des yeux, hochez la tête, posez des questions et, surtout, laissez la personne finir ce qu'elle a à dire. Essayez de lui donner l'impression qu'elle peut prendre tout son temps pour parler. Si elle essaie de se dépêcher, ce sera encore plus long à cause de sa nervosité.

«J'ai de la difficulté à négocier avec les clients handicapés. Je suis conscient que c'est mon problème. Mais que puis-je faire pour le surmonter?»

Ce que les personnes handicapées reprochent le plus aux autres est d'être traitées avec indifférence. Vous adressez-vous à la personne qui accompagne celle qui est en chaise roulante plutôt que de vous adresser à elle? La plupart des personnes en chaise roulante ne reçoivent pas de contact des yeux. En fait, la plupart des gens évitent le contact des yeux avec les handicapés. Cela provoque un sentiment de non-existence et ils y répondent avec hostilité.

La prochaine fois que vous voyez quelqu'un en chaise roulante, faites un signe de la tête, souriez ou regardez-le. Il vaut beaucoup mieux traiter la personne handicapée comme tout le monde, avec respect. Même une personne avec un gros handicap intellectuel l'appréciera.

Offrez votre aide si la personne semble en avoir besoin. Si votre offre est repoussée avec un commentaire comme: «Je peux le faire tout seul!», ne vous sentez pas coupable. Offrez votre aide parce qu'elle peut être nécessaire; mais respectez le désir de la personne d'affirmer son indépendance et son autonomie.

LES AUTRES TYPES DE PROBLÈMES

UN CLIENT QUI A REÇU PLUSIEURS RÉPONSES ÉVASIVES

Vous répondez au téléphone pour votre compagnie. La personne qui appelle est très contrariée. Elle a déjà reçu plusieurs réponses évasives. «Vous êtes la quatrième personne à qui je parle sans avoir de réponse. Quelqu'un peut-il m'aider?»

Cette personne a été victime du syndrome «Ce n'est pas ma responsabilité!» et elle a été trimbalée d'un service à un autre. Lui dire: «Désolé, vous êtes encore à la mauvaise place!» ne sera pas acceptable. Elle veut régler son problème et elle croit que vous pouvez l'aider. Elle ne veut pas savoir si c'est la responsabilité de votre service ou non. Elle était frustrée la première fois qu'elle a appelé; mais maintenant elle est sur le point de se mettre en colère. Si vous perdez votre sang-froid et si vous vous mettez en colère, le problème ne fera que s'aggraver.

Une colère incontrôlable peut être comparée à une folie temporaire. Si possible, évitez que votre client devienne temporairement fou ou ramenez-le à la raison s'il est déjà rendu à ce point. Pour ce faire, essayez de résoudre son problème. Si vous pouvez faire quoi que ce soit pour le résoudre, votre client appréciera votre aide.

Vous pouvez faire cela en obtenant tous les renseignements pertinents pour aider la personne. Puis, demandez le numéro de téléphone de cette personne et demandez à un employé de la rappeler dans un délai raisonnable. Si l'employé ne peut pas lui répondre immédiatement, informez-en le client. Donnez-lui votre nom et votre numéro de téléphone afin qu'il puisse vous rappeler s'il n'est pas satisfait de la référence que vous lui avez donnée. C'est seulement à ce moment qu'il sera satisfait.

UN CLIENT QUI AGIT COMME LE «BOUFFON DE LA CLASSE»

Il est difficile de négocier avec les bouffons de classe. À l'école, ce sont eux qui dérangent toute la classe et qui provoquent le désordre. Le but de leur comportement est d'attirer l'attention. Les enfants qui ont un tel comportement sont avides d'attention et ils sont prêts à accepter une attention négative plutôt que de ne pas en avoir du tout.

Comment les professeurs expérimentés négocient-ils avec ce genre d'enfant? Ils donnent à l'enfant toute l'attention voulue, mais uniquement pour un bon comportement. Lorsque l'enfant se comporte mal, il est isolé du reste de la classe (c'est le contraire de ce qu'il veut). Habituellement, le professeur retire l'enfant du groupe et il lui parle tranquillement.

Lorsque ces enfants deviennent adultes, leur comportement persiste souvent. Ce sont les personnes qui s'assurent que toutes les personnes présentes vont savoir que votre compagnie a fait quelque chose qui les a contrariées. Ce sont elles qui exigent une attention immédiate. Si elles ne l'obtiennent pas, elles deviennent grossières et elles dérangent tout le monde autour d'elles.

Comment négocier avec ces personnes? De la même façon que vous négociez avec un enfant qui exhibe ce genre de comportement négatif. Amenez-les à l'écart, de préférence dans un bureau privé. (Ne le faites pas si elles ont l'air physiquement agressives.) Expliquez-leur que vous serez heureux de régler leur problème lorsque ce sera leur tour, mais que si elles continuent à déranger tout le monde, vous serez forcé de les ignorer. Puis, retournez où vous étiez et servez le client suivant.

Bien sûr, avant d'agir de la sorte, vous devez avoir l'accord de votre superviseur. Si vous ne l'avez pas, vous pourriez vous retrouver dans une situation où le client exige de parler à votre supérieur. Si vous rencontrez régulièrement des problèmes de comportement, discutez-en avec votre superviseur. Revoyez les stratégies possibles et demandez-lui des suggestions sur les façons de traiter ce genre de problèmes. Ainsi, vous saurez tous les deux que les situations difficiles seront traitées de façon logique.

UN CLIENT QUI REFUSE DE NÉGOCIER AVEC UNE FEMME

Sally Brown, gérante de crédit pour une grande compagnie de construction, a résolu un problème de ce genre de façon plutôt humoristique. Elle devait affronter plusieurs clients qui insistaient pour parler à un homme. Elle résolut le problème en transférant les appels à Sam, le concierge de l'édifice. Sam avait été avisé et savait exactement comment répondre à ces appels. Sa réponse habituelle était: «Je ne sais pas pourquoi vous me parlez. Notre gérante de crédit est Sally Brown. Je vais vous mettre en communication avec elle et elle pourra s'occuper de vous.»

Une autre solution aurait été de répondre au téléphone en s'identifiant clairement. Elle aurait pu dire: «Sally Brown, gérante du crédit. Puis-je vous aider?» La plupart des gens supposent que vous avez un poste peu important si vous répondez au téléphone en donnant votre prénom seulement. La plupart des hommes répondent au téléphone en donnant leur nom au complet et leur titre. Les femmes devraient faire de même afin de recevoir le respect qu'elles méritent.

UN CLIENT QUI VOUS BLÂME POUR L'ERREUR DE QUELQU'UN D'AUTRE

«J'ai eu un problème la semaine dernière qui m'a fait fondre en larmes. Je travaille comme préposé dans un entrepôt. Je faisais ce travail depuis peu. Le gérant de l'entrepôt m'en a laissé la garde pendant qu'il allait chercher de l'équipement. Un client en colère a appelé pour se plaindre que nous avions livré les mauvaises pièces et que cela faisait perdre beaucoup d'argent à sa compagnie. Il me traita de stupide comme si tout était de ma faute.

Il avait commandé les pièces deux mois avant que je commence à travailler pour cette compagnie. J'ai insisté pour qu'il rappelle quinze minutes plus tard pour parler au gérant de l'entrepôt. J'ai utilisé la technique de l'enregis-

treuse bloquée mais cela n'a pas marché. Comment aurais-je pu négocier avec ce client furieux?»

Je comprends pourquoi la technique de l'enregistreuse bloquée n'a pas fonctionné dans ce cas. Vous avez oublié de débrancher votre mécanisme de défense lorsque le client s'en est pris à vous. Vous auriez dû commencer par prendre en note tout ce que la personne vous disait. Vous l'auriez paraphrasée et vous auriez posé des questions pour l'aider à résoudre son problème.

Il semble que lorsque le gérant est revenu quinze minutes plus tard, personne n'avait essayé de résoudre le problème du client. Le gérant a probablement dû négocier avec un client encore plus en colère. Si vous aviez obtenu les renseignements pertinents, le gérant aurait pu donner certaines réponses au client en le rappelant. Souvenez-vous de cela lorsque vous prenez un appel d'un client mécontent à cause de la bévue d'une autre personne.

UN CLIENT QUI SE PRÉSENTE SANS RENDEZ-VOUS

«Que dois-je faire avec les clients réguliers qui se présentent sans rendez-vous et qui espèrent rencontrer quelqu'un?»

En utilisant la technique de l'enregistreuse bloquée, dites-leur: «Je suis désolé. Vous ne pouvez pas rencontrer M. Langlois sans rendez-vous. Aimeriez-vous prendre un rendez-vous pour une autre journée?» Si le client proteste, dites: «Mes directives sont que M. Langlois ne rencontre personne sans rendez-vous. Aimeriez-vous prendre un rendez-vous pour une autre journée?»

UN CLIENT QUI S'ÉTERNISE

«Je m'occupe d'un standard téléphonique très occupé. Lorsque les personnes qui appellent veulent me raconter leur vie, comment puis-je m'en débarrasser avec tact?»

Il est parfois nécessaire d'interrompre quelqu'un (ils doivent s'arrêter pour respirer!). Demandez-leur d'expliquer brièvement leur problème afin que vous puissiez les mettre en communication avec quelqu'un d'autre.

«J'ai de la difficulté à garder mon client sur la bonne voie. Il change toujours de sujet.»

Lorsque vous avez affaire à un parleur compulsif, utilisez toutes ses pauses pour l'amener vers le but de son appel. Ne montrez jamais votre ennui ou votre frustration, car cela peut l'offenser. Si vous lui donnez un choix à faire, il doit prendre une décision. Résumez votre conversation en disant ce que vous ferez pour lui ou ce qu'il fera pour vous. Puis, utilisez cette conclusion : «Je crois que nous n'avons rien oublié. Je ne prendrai pas plus de votre précieux temps.»

UN CLIENT QUI A BESOIN D'UNE RÉPONSE IMMÉDIATE

«Je travaille dans une cour municipale et les clients qui appellent ont besoin de renseignements immédiatement. Je ne peux pas contacter le préposé aux renseignements, car il n'est pas dans son bureau.»

Une solution serait que le préposé ait un récepteur de recherche de personnes sur lui. Une autre serait qu'il téléphone régulièrement pour prendre ses messages. Utilisez la rétroaction pour lui expliquer les problèmes que vous avez avec les clients et demandez-lui son aide pour trouver une solution.

UN CLIENT QUI PENSE TOUT SAVOIR

«J'ai de la difficulté à traiter avec les clients qui pensent tout savoir. Ils demandent des renseignements alors qu'en réalité ils voudraient donner leur version des faits.»

D'abord, écoutez les idées du client; puis, demandez-lui pourquoi il pense ainsi. Ensuite, en utilisant l'information disponible, expliquez-lui ce qui s'est réellement passé.

Référez-vous au manuel des politiques et des règlements ou à un autre document écrit au besoin.

UN CLIENT CONDESCENDANT OU GROSSIER

«Comment puis-je négocier avec les clients qui sont condescendants et qui me traitent comme si j'étais une nullité? Ils me donnent l'impression que parce que je suis préposée, je ne sais rien. Ils veulent habituellement avoir des renseignements sur les cours du collège.»

Ces personnes ont probablement peu confiance en elles et elles essaient de vous rabaisser pour se sentir plus importantes. Elles peuvent parfois utiliser le sarcasme. Débranchez votre mécanisme de défense. Prenez conscience que vous maîtrisez la situation. Après tout, ce sont elles qui viennent vers vous pour avoir des renseignements. Dites-leur simplement ce qu'elles veulent savoir. Ne les laissez pas vous faire perdre votre sang-froid. Pour mettre fin à leur petit spectacle, vous pouvez leur demander: «Qu'est-ce que je peux faire pour régler votre problème?» Cela les arrête assez longtemps pour que vous puissiez clarifier ce qu'elles veulent de vous.

«J'ai un client qui est très grossier avec moi lorsqu'il appelle mais qui est très poli avec mon patron. Que puis-je faire pour que cette personne me respecte?»

Utilisez la rétroaction et l'expression: «J'ai un problème et j'ai besoin de vous pour le régler...» Expliquez à votre patron le comportement grossier de ce client à votre égard. Demandez à votre superviseur de lui parler. Le client devrait savoir que ce comportement est inacceptable pour tous les employés de la compagnie. Si votre superviseur ne vous appuie pas, transférez-lui les appels directement, sans entamer de conversation avec cette personne.

UN CLIENT QUI MET VOTRE APPEL INTERURBAIN EN ATTENTE

«Lorsque je fais un appel interurbain et que la réceptionniste me met en attente sans me le demander, je deviens furieuse. Que puis-je faire pour éviter cette situation?»

Si cela se produit souvent, parlez-en au superviseur de la réceptionniste et expliquez-lui les coûts et les inconvénients que cela vous cause. Je mentionne immédiatement qu'il s'agit d'un appel interurbain, avant même de dire à qui je veux parler. Je dis : «Appel interurbain pour Marie Beaubien.» Ils croient que je suis la téléphoniste et transfèrent l'appel immédiatement. Une solution plus drastique est de charger à votre client le temps que vous avez attendu.

COMMENT TRAITER AVEC DEUX CLIENTS SIMULTANÉMENT

«Je ne sais jamais si je dois m'occuper de la personne au téléphone ou de celle qui attend pour me voir depuis quinze minutes. Qui devrait avoir la priorité?»

Répondez au téléphone et dites à la personne qui appelle que vous êtes occupé avec un client. Demandez-lui si elle veut vous rappeler, si vous pouvez la rappeler ou si elle désire attendre. Puis, alternez entre ceux qui se présentent en personne et ceux qui téléphonent.

«Je travaille au service des pièces d'un fournisseur automobile. J'essaie de convaincre les patrons d'installer un système de numéros afin que les clients soient servis à tour de rôle. Présentement, parce qu'il est difficile de savoir qui est le suivant (je dois aller dans l'entrepôt pour chercher des pièces), je ne sais pas souvent dans quel ordre servir les gens. J'ai dû arbitrer plusieurs disputes pour savoir qui était le suivant et cela me choque.»

Une fois que vous avez décidé lequel vous servirez le premier et, éventuellement, que vous avez fini de servir les deux clients furieux, vous devriez vous dire qu'il s'agissait d'une situation déplaisante et que vous avez fait de votre mieux. Souvenez-vous que dans une situation comme celle-ci, peu importe qui vous servez en premier, ils seront tous les deux furieux. Vous n'avez aucune raison de vous sentir coupable parce que vous ne pouvez pas les servir en même temps. Utilisez la rétroaction avec votre superviseur pour lui expliquer les difficultés qu'un système de numéros pourrait éviter. (Vous pourriez aussi installer un système de numéros informel en attendant qu'il y en ait un officiel.)

UN CLIENT QUI REFUSE D'ATTENDRE

«Mon patron, un avocat, est très occupé. La semaine dernière, un de ses amis avait besoin d'un conseil juridique et ne voulait pas attendre. Je lui ai expliqué la situation et je lui ai suggéré de prendre un rendez-vous. Il fit irruption dans le bureau de mon patron qui était en réunion avec un client. Comment aurais-je pu éviter cette situation?»

Parlez-en à votre patron et demandez-lui ce que vous devez faire si une telle situation se représente. À moins de connaître le judo ou le karaté, son ami aurait été dans le bureau de votre patron bien avant que vous ayez eu le temps de réagir. Rejetez toute culpabilité. Vous avez fait tout ce que vous avez pu dans cette situation.

UN CLIENT QUI UTILISE UN LANGAGE VULGAIRE OU QUI A UN COMPORTEMENT MENAÇANT

«Que dois-je faire si la personne qui appelle utilise un langage vulgaire? Est-ce que je dois l'endurer?»

Je ne crois pas que quiconque ait à endurer un langage vulgaire. Vous devriez être en mesure de raccrocher. Demandez à votre superviseur ce qu'il attend de vous. Il est possible qu'à cause de la nature de votre travail vous ayez à endurer ce genre de comportement. Par exemple, si vous travaillez à l'urgence d'un l'hôpital. Pour certaines personnes, il est tout naturel de jurer lorsqu'elles sont en colère. Vous ne pouvez pas refuser simplement de régler le problème d'une personne en colère. Si vous travaillez dans des situations de crise ou d'urgence, vous devez savoir que ce genre de langage peut survenir. Cependant, vous pouvez demander à ces personnes de surveiller leur langage afin que vous puissiez traiter leur problème plus efficacement. Mais, avant tout, assurez-vous de savoir ce que votre superviseur attend de vous.

«Que faire avec les personnes qui sont ivres et menaçantes?»

C'est une autre situation dont il est préférable de parler avec votre superviseur avant qu'elle ne se produise. Sachez quand appeler le gardien de sécurité ou la police. Connaître la marche à suivre et avoir un plan d'urgence vous rendra plus confiant lorsque vous aurez à faire face à ces situations inattendues et perturbantes.

CHAPITRE CINQ

Négocier avec les superviseurs difficiles

Si vous n'aimez pas votre travail, il peut y avoir plusieurs raisons. Une des causes de l'insatisfaction au travail peut être une mauvaise supervision. Certaines personnes ont été choisi pour être superviseur parce qu'elles connaissaient bien le travail effectué par les employés qu'elles devaient superviser. Cependant, il est possible qu'elles ne sachent à peu près rien sur la façon de motiver les gens.

LE MANQUE DE MOTIVATION

Plusieurs employés se motivent eux-mêmes et ils travaillent bien, même avec une mauvaise supervision. Cependant, tous les employés profitent d'un superviseur qui comprend ce qui motive les gens à faire de leur mieux. Parce que tous les employés sont différents, un bon superviseur cherchera à savoir quels employés réagissent positivement aux compliments, aux primes de rendement monétaires et aux occasions d'apprendre de nouvelles choses ou de se préparer à une promotion.

Si votre motivation au travail est faible, il se peut que votre superviseur ne comprenne pas que certaines des conditions suivantes peuvent vous démotiver énormément.

1. *La supervision restrictive.* Vous avez moins de chances d'être satisfait au travail si votre superviseur ne vous laisse pas prendre une part active dans la manière d'effectuer votre travail. Plus les employés prennent une part active à la manière dont ils effectuent leur travail, plus ils sont coopératifs.

Les superviseurs autoritaires provoquent leur propre échec. Si votre superviseur fait partie de cette catégorie, essayez la rétroaction pour améliorer la situation. Si votre superviseur ne veut rien entendre et si vous ne pouvez pas changer son comportement, vous devrez l'endurer jusqu'à ce que vous ayez une promotion. Une autre solution serait d'essayer de vous faire muter dans un autre service ou, en dernier recours, dans une autre compagnie.

2. *Le manque de reconnaissance.* Les superviseurs démotivent leurs employés s'ils ne remarquent que le travail qui est mal fait. Ils devraient plutôt se concentrer sur le travail qui est bien fait pour encourager un meilleur rendement.

Une vieille conception en gestion veut que les superviseurs aient le droit de s'attribuer le mérite des nouvelles idées de leurs subordonnés. Comme on peut s'y attendre, cela ne fait que démotiver les employés, décourager les initiatives et encourager la médiocrité et la faible productivité. Les superviseurs de la nouvelle génération ont compris qu'en reconnaissant les mérites de leurs employés, ces derniers sont plus motivés à donner un meilleur rendement. Les employés qui sont encore aux prises avec un superviseur avare de compliments devraient essayer d'utiliser la rétroaction pour corriger ce problème. Il est possible que leur superviseur ne soit pas conscient de l'effet démotivant de son attitude. Dites-lui : «J'ai un problème et j'ai besoin de vous pour le résoudre. La semaine dernière, j'ai fait tout mon possible pour fournir un travail exceptionnel dans le projet Miller et j'ai fait des heures supplémentaires pour respecter l'échéance. Je me sens découragé parce que tout ce dont j'ai entendu parler est le 2 p. cent d'erreurs qu'il y a dans le projet. Qu'est-il arrivé au 98 p. cent qui restait? Ce n'est pas très encourageant d'entendre seulement les commentaires négatifs. Comprenez-vous ce que je veux dire?»

Cela devrait aider votre superviseur à faire des commentaires positifs désormais, quand ce sera nécessaire.

3. Le travail monotone. Des compagnies utilisent la rotation du travail pour essayer de rendre le travail de leurs employés plus intéressant. La rotation du travail est possible si plusieurs employés travaillent dans la même catégorie d'emplois ou dans un travail de même niveau et dans la même échelle de salaire. Les employés et les employeurs bénéficient tous les deux de la rotation du travail, car les employés peuvent exécuter plusieurs tâches et ils peuvent facilement remplacer un travailleur absent.

Si votre compagnie utilise cette méthode, la direction essaie déjà de rendre votre travail plus intéressant. Si elle ne l'a pas encore essayé, faites-en la suggestion. C'est pour le bien de tous!

4. Le manque d'ouverture aux nouvelles idées. Les employés peuvent se sentir moins motivés si leurs superviseurs ignorent leurs suggestions sur la façon d'effectuer leur travail. Parce que ce sont les employés qui accomplissent le travail, ils sont souvent en meilleure position pour trouver des méthodes plus rapides et plus efficaces d'effectuer leur travail.

Si vous rencontrez ce problème avec votre superviseur, amenez-le tranquillement à changer. Laissez-lui le temps de s'habituer à votre idée. Utilisez des faits pour appuyer vos suggestions et faites-lui voir la réduction des coûts de production qui pourrait être réalisée en adoptant votre nouvelle méthode. Cependant, soyez ouvert aux objections valables. Si votre superviseur ne veut rien entendre de vos suggestions, utilisez la rétroaction pour exprimer votre frustration.

5. *L'absence d'occasion de se perfectionner.* Pendant un certain temps, les compagnies ont dépensé beaucoup d'argent dans la formation de leurs employés; elles avaient toujours des problèmes à satisfaire la demande de travailleurs qualifiés. Récemment, les compagnies ont dû réduire leurs budgets de formation. Les compagnies refusent parfois de donner une formation à un employé si celui-ci ne peut pas la mettre en pratique immédiatement. Les employés qui seront promus dans six mois ou un an peuvent avoir de la difficulté à obtenir une formation.

Les employés qui sont dans cette situation devraient aller chercher quand même leur formation et la payer eux-mêmes afin d'être prêts pour leur promotion. L'employé a alors une longueur d'avance sur les autres qui n'ont pas acquis les connaissances nécessaires.

L'argent qu'il dépense pour sa formation est un bon investissement pour l'employé.

6. *L'absence de description de tâches et d'évaluation du rendement.* Les compagnies qui ont un bon système de gestion savent qu'une description de tâches précise et à jour ainsi qu'une évaluation du rendement sont essentielles à une productivité élevée et à la motivation du personnel. Lorsque les employés savent ce qu'on attend d'eux, ils donnent un meilleur rendement.

Si plus de 10 p. cent des tâches entrent dans la catégorie «autres tâches», la description de tâches n'est pas assez précise. Comment faire pour en obtenir une qui soit plus réaliste? Si votre compagnie utilise un système de classement officiel, elle sait qu'il ne doit pas y avoir plus de 10 p. cent des tâches dans cette catégorie. Dans un tel cas, vous pouvez simplement dresser une liste de vos tâches et déterminer le pourcentage de temps consacré à chacune. Votre demande de reclassement doit être basée sur des faits. Si votre description de tâches date de deux ans, elle est probablement désuète. Encore une fois, vous devez faire une liste de vos tâches et évaluer le pourcentage de temps que vous y consacrez, avant de pouvoir identifier les contradictions entre la description de tâches et le travail que vous effectuez réellement, et de pouvoir demander un reclassement. Un bon moment pour demander une mise à jour de votre description de tâches pourrait être la rencontre pour votre évaluation de rendement annuelle.

Qu'arrive-t-il si on vous assigne régulièrement des tâches additionnelles sans reclasser votre poste? Si on vous donne le même genre de travail, vous ne pouvez pas demander un reclassement. Mais si les nouvelles tâches comportent un niveau de responsabilité différent, alors il est probable qu'un reclassement soit de mise. Vous aurez besoin de faits pour prouver que le niveau de responsabilité a changé.

Dans les grandes compagnies, il existe habituellement un système de classement officiel. Si vous travaillez dans une petite compagnie, vous pouvez avoir des problèmes. Les postes sont classés selon le degré de responsabilité des tâches. Si le degré de responsabilité change, en augmentant ou en diminuant, le poste est habituellement reclassé. Par exemple, le poste de la secrétaire dont le patron a des responsabilités plus grandes sera probablement reclassé, car le niveau de responsabilité de la secrétaire augmente avec celui de son patron. D'un autre côté, si le poste de son patron est aboli et que la secrétaire travaille maintenant pour quatre personnes de rang inférieur, le niveau de responsabilité de son travail est plus faible et son poste peut être reclassé à un niveau inférieur.

Si votre employeur vous dit qu'il n'y a pas de description de tâches, vous devriez en écrire une vous-même (en utilisant comme modèle des exemples trouvés en bibliothèque, ou une description précise fournie par un ami). Montrez-la à votre superviseur pour obtenir son approbation. Si vous faites face à un refus, dites-lui : «Comment puis-je faire un bon travail si nous ne savons pas ce que je dois faire?»

7. La différence entre le salaire et le niveau de responsabilité. Si vous êtes convaincu que votre salaire est trop bas pour le genre de travail que vous faites, vous devrez examiner votre description de tâches actuelle, y effectuer les changements nécessaires, puis demander un rendez-vous avec votre superviseur.

Lors de cette rencontre, expliquez que la description de vos tâches ne correspond pas à la réalité et que vous avez beaucoup plus de responsabilités que votre description de tâches ne l'indique. Votre description de tâches est peut-être précise, mais l'échelle de salaire ne reflète pas l'importance de votre travail pour la compagnie. Informez-vous des salaires dans les autres compagnies pour des postes similaires. Des commentaires comme «Je suis sous-payé» ne vous aideront pas; armez-vous de faits. Vous devez être en mesure de justifier votre demande d'augmentation. Si elle échoue, vous devrez peut-être quitter la compagnie et chercher ailleurs.

8. Le temps supplémentaire non payé. Dans certains endroits, l'employeur a le choix de payer le temps supplémentaire à temps et demi ou de compenser par des journées de congé. Les employés doivent signer un contrat pour valider cette dernière option.

Dans certaines régions, la loi exige qu'on paie du temps supplémentaire pour les heures travaillées au-delà de huit heures par jour ou quarante heures par semaine.

Si vous ne connaissez pas les normes du travail dans votre province, il n'en tient qu'à vous de vous informer.

LE SUPERVISEUR AGRESSIF

Idéalement, tous les superviseurs devraient avoir de l'assurance (plutôt qu'être passifs ou agressifs) : ils devraient être plaisants, encourageants, efficaces, délicats et dotés d'une compréhension supérieure du genre humain. En réalité, cependant, les superviseurs démontrent les mêmes faiblesses que tous les humains. Les superviseurs qui adoptent un comportement agressif pour dominer et contrôler leurs employés sont les plus difficiles à supporter.

Les superviseurs agressifs n'ont pas appris un des principes de base d'une bonne supervision. Il ne faut pas forcer les employés à faire du bon travail : il faut les y amener. Les superviseurs sont condamnés à une faible productivité de leur personnel s'ils :

— reprennent leurs employés en public;
— les contraignent à travailler durant de trop longues heures;
— sont extrêmement critiques et impossibles à satisfaire;
— critiquent les personnes plutôt que les comportements.

Avant de dire quoi que ce soit à un superviseur agressif, demandez-vous si vous allez empirer la situation en parlant. Si cette personne traite tout le monde de façon hostile, ça ne vaut peut-être pas la peine de prendre le risque de lui parler. Vous devrez peut-être prendre votre mal en patience en attendant de pouvoir vous en aller.

Si vous croyez qu'une discussion peut aider, utilisez la rétroaction pour faire savoir à votre superviseur comment son comportement vous affecte. Cela demande du courage, mais vous saurez que vous avez fait quelque chose pour améliorer la situation. Parlez à votre superviseur en privé au sujet de son comportement agressif. Si par exemple il vous crie des noms, dites-lui : «J'ai un problème et j'ai besoin de vous pour le résoudre. Dernièrement, vous m'avez rabaissé souvent et cela me cause des problèmes. Je ne peux pas me défendre lorsque vous me traitez ainsi. Présentement, je ne sais pas comment améliorer mon rendement ou je ne sais pas ce que vous voulez vraiment de moi.

Pouvez-vous me donner des exemples pour me faire comprendre pourquoi vous pensez que je suis ignorant?»

Si la situation ne change pas, n'allez pas plus haut pour vous plaindre à son superviseur. Il vaut mieux :
— endurer aussi longtemps que vous le pouvez, puis demander un transfert dans un autre service;
— parler à quelqu'un du service du personnel;
— aller voir ailleurs si le gazon est plus vert.

Allez plus haut dans la hiérarchie seulement lorsque le comportement de votre superviseur affecte le reste du personnel.

Seule une plainte de groupe peut forcer un superviseur à démissionner, et seulement si la plainte est présentée correctement. Assurez-vous que vous et votre groupe avez des faits pour appuyer vos griefs. Ayez des détails sur ce qui s'est produit : le coût en dollars, les dommages aux relations avec la clientèle, les délais, les échéances non respectées, le temps supplémentaire inutile, les arrêts de production, etc.

Lorsque vous sentez que votre superviseur a détruit toute la fierté et le plaisir que vous retirez de votre travail, c'est le temps de partir.

Comme nous l'avons vu, un comportement agressif peut prendre diverses formes. Les méthodes pour traiter ces comportements valent la peine d'être discutées en détail.

1. Le sarcasme. Le sarcasme peut parfois n'être rien de plus qu'une plaisanterie inoffensive. Il n'est alors pas menaçant et il peut être amusant. Cependant, le sarcasme peut aussi être blessant et chercher à rabaisser les autres. Les gens qui l'utilisent ont une sensation de pouvoir en voyant les autres désarmés. Le sarcasme blessant est une forme d'agression indirecte — une des façons les plus sournoises et les plus manipulatrices d'obtenir quelque chose.

Les personnes qui utilisent le sarcasme dans le but de blesser ne se sentent souvent pas bien dans leur peau et elles essaient de rabaisser les autres pour se sentir plus importantes. Le jeu se poursuit lorsque les autres réagissent défensivement ou agissent comme s'ils étaient blessés. Les personnes sarcastiques veulent que les autres se mettent en colère et qu'ils se défendent.

Souvenez-vous qu'il vaut mieux ne pas réagir négativement à leurs remarques. Essayez de vous en tenir aux faits.

Réfléchissez un instant : qui a le contrôle dans une situation sarcastique? Vous avez le contrôle (le receveur) jusqu'à ce que vous répliquiez. Devriez-vous répondre au sarcasme par du sarcasme? Non. Si vous le faites, vous encouragez la personne à continuer ses sarcasmes. Essayez plutôt d'analyser pourquoi la personne ressent le besoin de vous rabaisser. Une fois que vous avez une idée de ce qui l'incite au sarcasme, vous êtes en mesure de traiter le vrai problème.

Ne réagissez pas au sarcasme, arrêtez-le. La personne sarcastique ne saura plus quoi faire si vous n'entrez pas dans son jeu. Lorsqu'elle n'éprouvera plus de plaisir à vous attaquer, elle dirigera ses remarques sarcastiques ailleurs.

Si vous ne pouvez pas vous taire et si vous croyez que le sarcasme mérite une réponse, vous pouvez dire : «Ton dernier commentaire était très sarcastique. C'est très humiliant et très blessant. Peux-tu m'expliquer pourquoi tu as dit cela?» Ou «Pourquoi as-tu besoin de me rabaisser de cette façon?» Ou «C'est très sarcastique. Qu'essaies-tu de me dire en te cachant derrière ton sarcasme?» Demandez aux personnes agressives de justifier leurs actions. Souvent, elles ne sont pas conscientes que leur comportement est destructeur pour les autres.

Lorsque je faisais la recherche pour mon premier livre, *Escaping the Pink = Collar Ghetto,* j'ai interviewé plus de

700 dirigeants (dont 695 hommes) afin de savoir pourquoi les femmes avaient moins de possibilités d'être promues. Au début, je me butais aux positions défensives de la plupart des dirigeants. Je savais qu'ils étaient sur la défensive lorsqu'ils commençaient à être sarcastiques. Ma réaction instinctive était de répondre au sarcasme par le sarcasme, mais au lieu de cela, j'ai pris du recul et j'ai essayé d'analyser la situation. J'en ai conclu que ces dirigeants croyaient que je les accusais d'avoir un comportement discriminatoire, quand je leur demandais : «Pourquoi les femmes ont-elles moins de promotions?»

J'ai réussi à les rassurer en leur expliquant ce que j'essayais de faire : j'avais besoin de leur aide pour trouver les erreurs qui empêchaient les femmes d'accéder à des postes élevés. Je leur ai donné plusieurs exemples que j'avais récoltés dans d'autres compagnies et je leur ai demandé si cela s'appliquait aussi à leur compagnie. Il leur a fallu peu de temps pour comprendre que je venais simplement chercher de l'information et de l'aide, et non leur demander d'expliquer pourquoi il y avait si peu de femmes dans les postes supérieurs de leur compagnie. La plupart d'entre eux ont finalement été très coopératifs.

Cependant, je n'aurais pas pu obtenir les renseignements que je cherchais si j'étais restée sur la défensive face à leurs sarcasmes.

2. *L'indifférence ou le silence boudeur.* Une autre forme d'agression indirecte est d'ignorer les autres ou de bouder en silence en refusant de discuter d'un problème avec eux. Certains superviseurs refusent même de parler de quoi que ce soit avec des membres de leur personnel pendant des jours, même si ces personnes font partie de leur équipe! C'est une attitude déplaisante, presque aussi destructrice que le sarcasme vindicatif.

Aucune des deux parties ne gagne dans cette situation négative. La personne qui impose le silence boudeur gagne souvent la bataille, mais elle fait durer la guerre. Si on ne discute pas des problèmes, ils resurgiront inévitablement plus tard.

Brian était très fier lorsque le chef de son service loua l'excellent travail qu'il avait fait dans le cadre d'un projet devant ses collègues et son superviseur. Il avait travaillé très fort et il croyait mériter le compliment. Plus tard dans la journée, il demanda un conseil technique à son superviseur, Henri, pour son nouveau projet. Henri fut très brusque et il lui dit de se débrouiller tout seul. Pendant la semaine qui suivit, Henri se montra froid envers Brian et il n'était pas aussi disponible et coopératif qu'à l'habitude. Brian décida d'en parler à Henri. Il lui dit : «J'ai un problème et j'ai besoin de vous pour le résoudre.» Il utilisa la rétroaction pour expliquer à Henri comment il se sentait lorsqu'il refusait de l'aider et il lui demanda de lui expliquer ce qui se passait.

Henri admit qu'il avait été contrarié lorsque Brian avait reçu des compliments du chef du service et qu'il était jaloux parce qu'il n'en avait jamais eus. Il promit d'être plus disponible à l'avenir.

3. Les crises de colère.

«Que dois-je faire avec mon patron? Il a des crises de colère régulièrement. Il raccroche le téléphone violemment, il ferme ses tiroirs avec fracas, il lance des objets et il claque la porte de son bureau. Je suis tout à fait déroutée par son comportement et je suis devenue très nerveuse. Que devrais-je faire lorsque cela se produit?»

Les personnes adultes qui font encore des crises de colère n'ont pas fini de grandir. Un ami a conseillé à cette employée d'imaginer son patron avec un bonnet et une couche, assis dans une chaise haute et frappant avec une cuillère contre le plateau.

Lorsqu'il eut une autre crise de colère, elle utilisa cette image pour diminuer son stress et elle découvrit que cette image mentale humoristique l'empêchait de perdre son sang-froid. Un jour, elle eut même le courage de lui demander, une fois sa colère apaisée : «Avez-vous fini?»

«Fini quoi?», dit-il en tempêtant.

«Je me demandais si vous aviez fini votre crise de colère.»

Il s'est assis une minute, puis en souriant d'un air penaud, il lui dit : «Je suppose que c'est comme ça qu'on appelle ça, non? Oui, j'ai fini ma crise de colère.»

Elle fit la même chose lorsqu'il eut une autre crise de colère, avec la même réaction souriante, jusqu'à ce qu'elle n'ait plus rien à dire. Par la suite, il venait à la porte de son bureau et il lui disait : «Ça va maintenant. J'ai fini!» Et la fin de l'histoire est encore meilleure : il arrêta complètement d'avoir des crises de colère.

L'humour peut vous aider à passer à travers bien des situations difficiles. L'exemple précédent montre que l'humour peut diminuer la colère. Lorsque nous pouvons rire de quelque chose, pour une raison ou pour une autre, la tension diminue. Utilisez une image mentale drôle ou placez une bande dessinée près de votre bureau pour vous rappeler le côté drôle des situations.

4. Le harcèlement sexuel. On pense habituellement que le harcèlement sexuel au travail est un problème de femmes, mais les hommes reçoivent aussi des avances non désirées.

Ce problème affecte les employés depuis des siècles. Les lois relatives au harcèlement sexuel changent rapidement. Que vous soyez un homme ou une femme, je vous conseille vivement de vous informer sur les lois en vigueur dans votre région. Informez-vous au sujet du harcèlement sexuel, sur les façons de le faire diminuer ou de vivre avec. (Consultez l'annexe II pour savoir où vous adresser si vous avez un problème de harcèlement sexuel.)

Les recherches indiquent qu'entre 70 et 80 p. cent des femmes ont déjà vécu une forme ou une autre de harcèlement sexuel de la part d'un supérieur ou d'un collègue. Et 52 p. cent d'entre elles ont perdu leur emploi ou l'ont quitté pour cette raison.

Les types de comportements suivants peuvent être considérés comme du harcèlement sexuel :

- des remarques sexuelles inopportunes, comme une plaisanterie, une insinuation, une taquinerie ou une insulte;
- des sarcasmes au sujet du corps, de l'habillement, de l'âge ou de l'état civil de la personne;
- l'affichage d'images pornographiques ou blessantes;
- les farces qui causent de la gêne ou de l'embarras;
- les invitations ou les demandes gênantes, indirectes ou implicites;
- l'intimidation;
- des regards concupiscents ou d'autres gestes suggestifs;
- une attitude condescendante ou paternaliste qui affecte le respect de la personne;
- des contacts physiques qui ne sont pas nécessaires, comme toucher, tapoter, pincer, frapper ou agresser physiquement.

La discrimination peut aussi se faire dans le sens inverse lorsque les promotions et les primes sont accordées en retour de faveurs sexuelles, alors que les autres employés qui les méritent pour leur bon travail sont oubliés.

Si vous êtes victime de harcèlement sexuel, vous devriez :

1. Dire à la personne que vous désapprouvez ses actes ou ses paroles. Montrez que vous êtes sérieuse. Au besoin, expliquez que son comportement pourrait être considéré comme du harcèlement sexuel et que vous voulez qu'elle cesse immédiatement. Prenez en note toutes les fois que vous êtes importunée et ce que l'autre personne vous répond quand vous vous objectez. Cette description devrait inclure le jour, l'heure, le lieu, le nom des témoins, etc.

2. Si le harcèlement se produit de nouveau, répétez vos objections. Appuyez-les d'une lettre ou d'une note de service où vous exposerez votre plainte. Énoncez uniquement des faits.

Faites au moins trois copies de la lettre. Envoyez une lettre à la personne coupable et une à son superviseur. Gardez-en une copie. (Une copie additionnelle peut être envoyée à votre superviseur et au directeur exécutif de votre compagnie, si vous croyez que cela est pertinent.)

3. Si le comportement persiste, ou que la compagnie ou le syndicat ne règle pas le problème, faites une plainte officielle auprès du bureau local de la Commission des droits de la personne. Si vous avez des doutes, contactez la Commission des droits de la personne et demandez à parler à un conseiller. Si la situation est suffisamment sérieuse, appelez la police et déposez une plainte pour agression sexuelle.

NOTE : Si le premier incident est assez sérieux, faites votre plainte oralement et par écrit (avec des copies aux parties impliquées) et déposez une plainte officielle à la Commission des droits de la personne.

La plupart des règlements relatifs aux droits de la personne spécifient que la personne responsable du harcèlement sexuel, les superviseurs, les directeurs ou les personnes en position d'autorité qui sont au courant de la situation et qui n'ont pas pris les mesures nécessaires, ainsi que la compagnie elle-même, peuvent être cités dans la plainte faite à la Commission des droits de la personne.

Les personnes en position d'autorité ne peuvent plus détourner la tête et ignorer la présence de harcèlement sexuel. Un superviseur qui ne fait rien face au harcèlement sexuel d'un de ses employés est considéré comme ayant ignorer le harcèlement.

Si l'employé sait qu'un superviseur a été témoin ou qu'il est au courant de la situation, il peut inclure le nom de ce superviseur dans sa plainte pour harcèlement sexuel.

LES SUPERVISEURS SANS FORMATION PERTINENTE

Malheureusement, plusieurs superviseurs ont reçu peu ou pas de formation en supervision. Tout le monde peut profiter d'une telle formation. Même si les superviseurs doivent payer de leur poche pour cette formation, c'est un des meilleurs investissements qu'ils peuvent faire pour leur avenir.

Les superviseurs qui n'ont pas suffisamment de formation peuvent causer beaucoup de frustration chez ceux qui les entourent. Ils peuvent être incapables de déléguer, de faire la discipline ou de motiver les différents types d'employés. Ou ils peuvent, de différentes façons, nuire au travail efficace de leurs employés. Si c'est le cas de votre superviseur, vous aurez peut-être à prendre des mesures concrètes et à suggérer à la compagnie de lui fournir une formation adéquate.

1. La difficulté à déléguer

«Mon patron est très bon avec les gens, mais il est parfois vague sur la manière dont il veut que l'on procède. Il donne des instructions vagues, puis le lendemain, il change d'idée.»

Vous réussirez avec ce genre de patron si vous précisez les détails du travail qu'il vous délègue. Utilisez la paraphrase pour vous assurer d'avoir bien compris ce qu'il vous a dit. S'il reste des points imprécis, posez des questions. S'il a l'habitude de changer d'idée le lendemain, écrivez les instructions qu'il vous donne et montrez-les lui pour qu'il les confirme.

Plus tard, exprimez votre confusion lorsqu'il change ses instructions et montrez-lui ce que vous avez écrit. Modifiez-les comme il vous le demande. Il réalisera assez vite qu'il change souvent d'idée. Il apprendra peut-être à formuler ses demandes plus précisément. Cette personne bénéficierait grandement d'un cours de gestion du temps. Elle apprendrait ainsi à planifier avant de déléguer des tâches à ses subordonnés.

Ces superviseurs sont parfois désorganisés. Ils prétendent souvent savoir se retrouver dans le fouillis qui règne sur leur bureau. Ils détestent les détails. Ce type de patron déteste les mauvaises nouvelles; il vaut mieux insister sur ce qu'on fera plutôt que de s'éterniser sur les problèmes.

«Mon patron me demande de faire des choses qui ne font pas partie de mon travail.»

Utilisez la paraphrase pour vous assurer de bien comprendre ce que votre superviseur attend de vous. Demandez une révision de votre description de tâches. Puis demandez à votre superviseur si quelqu'un d'autre pourrait s'occuper de certaines tâches qui ne correspondent pas à votre travail.

2. Le perfectionnisme excessif

«Mon patron est perfectionniste et il exige parfois trop de ses employés.»

Prévoyez les besoins de votre patron. N'oubliez pas les détails. Donnez-lui plusieurs choix. Ayez un ou deux plans de rechange au cas où cela serait nécessaire. Soumettez-lui vos nouvelles idées par écrit, en incluant les avantages, les inconvénients et les options possibles.

3. La mauvaise manière de faire des remarques

«Mon patron me fait des remarques en public.»

Il s'agit d'une très grave erreur de la part de votre super-viseur. Vous devriez d'abord essayer de lui faire compren-dre vos sentiments. Utilisez la technique de la rétroaction pour lui faire connaître l'humiliation que vous ressentez lorsqu'il vous fait des remarques devant les autres. Expliquez-lui que vous accepteriez les critiques beaucoup plus facilement en privé. Vous devrez peut-être ajouter que s'il vous fait de nouveau des remarques en public, vous ne l'écouterez pas.

4. La trop grande compétition

«Mon patron est une personne très compétitive. Il vou-drait que je rivalise avec mes collègues, mais je ne veux pas.»

Vous êtes peut-être dans la mauvaise profession. La compétition entre employés est le système de gestion le plus populaire pour encourager les employés à faire plus de ventes.

Plusieurs personnes réagissent beaucoup mieux au défi de battre leur propre record de ventes plutôt que celui des autres. Les compagnies doivent s'assurer que les règles de compétition sont justes pour tous les niveaux d'expérience. Si vous êtes nouveau dans la compagnie, on ne peut pas s'attendre à ce que vous rivalisiez avec quelqu'un qui a un territoire et une clientèle bien établis. Les employés qui ont six mois d'expérience devraient être en compétition avec ceux qui ont la même expérience. Plusieurs vendeurs appré-cient la compétition. D'autres ne l'apprécient pas, mais ils aiment bien se fixer des objectifs personnels.

Plusieurs superviseurs des ventes sont stressants. Ils exigent un comportement assuré et agressif de leur équipe. Un comportement mou n'est pas accepté. Vous devez vous préparer soigneusement pour discuter d'un problème avec ce genre de patron. Assurez-vous d'avoir plusieurs solutions viables avant d'essayer de négocier un changement.

5. Le manque de soutien envers le personnel

« Ma patronne ne m'appuie jamais lorsque j'ai des problèmes avec un client. Elle prend toujours la défense du client et je dois me défendre même si j'ai raison.»

Les superviseurs qui prennent automatiquement le parti des clients dans une dispute entre un client et un employé sont très injustes envers leurs employés. Jusqu'à ce que l'employé ait pu expliquer sa version de l'histoire, le superviseur devrait rester neutre.

Le superviseur devrait noter tous les faits rapportés par le client et lui promettre de s'occuper de la question.

Si votre superviseur ne vous appuie pas lorsque vous êtes certain de faire votre travail correctement, utilisez la rétroaction pour expliquer vos sentiments lorsqu'on vous blâme injustement.

Dites-lui : «J'ai un problème et j'ai besoin de vous pour le résoudre. La semaine dernière, Madame Blais voulait que je passe outre aux règlements. Je lui ai expliqué que j'avais des directives très strictes à suivre et que je ne pouvais pas faire ce qu'elle me demandait. Puis elle vous a parlé et elle a obtenu ce qu'elle voulait. La même chose est arrivée avec quatre autres clients au cours du dernier mois. J'avais l'air plutôt idiote lorsqu'elle est venue à mon bureau et qu'elle m'a dit qu'elle avait eu ce qu'elle voulait. Je me demande si les règlements ont changé et ce que je dois faire devant une telle situation.»

6. L'absence de reconnaissance pour une contribution spéciale.
J'ai entendu des hommes et des femmes dire (et nous supposerons que le patron est un homme): «J'ai travaillé toute la semaine sur ce rapport et c'est mon patron qui en a eu tout le mérite. C'est la dernière fois qu'il me fait un coup pareil!»

Lorsque votre superviseur vole vos idées et qu'il en prend le mérite, vous rehaussez son image. Il a besoin de vous pour agir de la sorte. S'il ne peut pas retirer de mérite de ce que vous avez fait, il vous laissera en arrière.

Par exemple, si vous écrivez un nouveau manuel des règlements et des procédures pour votre service, votre superviseur peut s'attribuer tout le mérite de ce travail. Il a le droit, selon les règles qui existent en affaires, d'utiliser vos idées tout en ayant la conscience tranquille. Selon ces règles, en affaires, vous (le subordonné) êtes là pour que votre superviseur paraisse bien. Vos idées deviennent les idées de votre superviseur et ce dernier n'enfreint aucune règle en s'en attribuant le mérite. La plupart des hommes et des femmes n'aiment pas cette règle. Plusieurs superviseurs ne croient pas que c'est mal parce que tout le monde le fait.

Je suis tout à fait contre cette pratique et j'encourage les superviseurs à attribuer le mérite à qui il revient. Les superviseurs qui volent constamment les idées de leurs subordonnés ne font que les démotiver. Il y a de fortes chances qu'ils aient de mauvaises suggestions ou qu'ils n'en aient plus du tout à l'avenir. Si un employé a inventé une nouvelle méthode pour fabriquer un gadget, c'est cet employé qui devrait recevoir les honneurs et non son superviseur. Quelle importance que le subordonné soit reconnu pour sa bonne idée? Le superviseur ou la superviseure peut remettre son rapport avec son nom, mais il doit reconnaître la contribution de l'employé qui l'a aidé à faire ce rapport.

Si votre superviseur aime bien prendre la vedette en volant les idées des autres et que vous ne pouvez pas l'accepter, faites vos suggestions par écrit. Demandez l'opinion de votre superviseur sur votre nouvelle idée. Ainsi, vous aurez une preuve écrite. Ou faites votre suggestion lors d'une réunion. Les autres sauront ainsi que c'est votre idée.

«Je dois faire le travail de mon patron par intérim sans augmentation de salaire. Lorsqu'il est parti, je dois faire son travail en plus du mien. Je trouve cela injuste.»

Essayez la technique de la rétroaction pour expliquer votre problème. Si cela ne fonctionne pas, dites-vous que cette expérience fait partie du développement de votre carrière.

Demandez à votre superviseur quelles tâches vous pouvez laisser tomber lorsque vous devez assumer les deux fonctions.

Vous faites une très bonne impression lorsque vous pouvez écrire dans votre curriculum vitae : «superviseur par intérim lorsque le superviseur était absent». Cela peut vous aider à obtenir éventuellement un poste de supervision. Acceptez ce travail supplémentaire si vous croyez être en mesure de le faire pour une courte période.

7. **L'ingérence.** Denis a un problème avec son directeur, Léo. Denis vient d'être nommé superviseur et il a quatre personnes sous sa responsabilité. Sous prétexte d'aider Denis, Léo a permis aux employés de Denis de venir lui demander de l'aide et cela, sans consulter Denis.

Léo a ainsi enfreint une des règles d'or dans le monde des affaires en minant le pouvoir et l'autorité dont Denis a besoin pour bien superviser son équipe. Il y a une règle très stricte concernant la hiérarchie : les directeurs ne doivent pas donner du travail aux employés sans consulter leur superviseur immédiat. Ils ne doivent pas non plus prendre part à des questions de discipline ou d'évaluation de rendement concernant les employés du superviseur. On conseilla à Denis d'utiliser la rétroaction pour expliquer à Léo que l'efficacité de son groupe était affectée lorsqu'il n'était pas entièrement sous son autorité. Il devait rappeler à Léo que c'était lui, Denis, qui était ultimement responsable de ce que son équipe faisait et qu'il avait besoin d'avoir le contrôle total pour bien faire son travail.

8. **Le manque de disponibilité pour les clients et le personnel.** Suzanne se demandait comment faire pour que son superviseur lui dise où il allait. Il indiquait rarement ses entrées et ses sorties sur le tableau et il sortait souvent par la porte arrière. Il était rarement disponible : il était en réunion, à l'extérieur du bureau ou il s'enfermait dans son bureau.

On conseilla à Suzanne de faire une liste des occasions où elle avait dû résoudre des problèmes à cause de l'absence de son superviseur et de donner une liste des difficultés causées par son manque de disponibilité. Ensuite, elle devait demander à son superviseur si elle pouvait consulter quelqu'un d'autre lorsqu'elle ne pouvait pas le rejoindre.

9. **Le manque de respect pour la vie privée des employés**

«Mon superviseur veut tout savoir sur ma vie privée et je ne veux pas lui en parler.»

Dites-lui : «J'aime bien séparer ma vie privée et mon travail. C'est mieux pour moi.» Si votre superviseur continue à insister, demandez-lui : «Pourquoi ma vie privée est-elle si importante pour vous?» Votre superviseur est alors obligé de justifier son comportement agressif.

10. **Le manque d'occasions de croissance.** René était frustré parce que son superviseur avait refusé de lui donner des tâches qui le prépareraient à une prochaine promotion. Il était acheteur de niveau un (le premier barreau de l'échelle pour monter au poste de directeur des achats). Son superviseur, Mario, était acheteur de niveau deux depuis cinq ans. Il refusait de permettre à René d'apprendre des choses qui auraient pu être utiles à son éventuelle promotion.

Dans cette situation, Mario croyait que René convoitait son poste de superviseur alors que René croyait que

Mario était accroché à son poste et qu'il se sentait menacé par ses attentes.

Mario ne comprenait pas que son hésitation à préparer René pour le poste de superviseur était ce qui l'empêchait d'obtenir de l'avancement dans la compagnie. Souvent, les superviseurs qui n'ont personne pour les remplacer se privent d'une promotion. On conseilla à René de transmettre ce renseignement à Mario. Si cela ne fonctionnait pas, on lui suggéra de se déplacer latéralement vers un poste comparable au sien ou d'essayer d'avoir une promotion dans un autre service.

Au début, il hésita à changer de service, car il faisait ainsi un détour pour atteindre le poste de directeur des achats. Lorsque je lui expliquai qu'il s'agissait peut-être de la seule façon de passer par-dessus le poste de Mario, il accepta d'essayer. Il est maintenant directeur des achats et il supervise Mario.

L'ART D'ÊTRE SUPERVISÉ

Votre attitude envers la supervision peut affecter vos relations avec votre superviseur. Même les meilleurs employés ont parfois besoin des directives et des remarques de leur superviseur. Il est vrai qu'il existe des superviseurs difficiles qui donnent des directives sous forme négative, par exemple, en critiquant. Mais il y a aussi beaucoup d'employés qui perçoivent les remarques comme des critiques.

L'art d'être supervisé consiste à être capable d'accepter les suggestions qui vous aideront à améliorer votre rendement. Que ces suggestions vous soient données sous forme de critiques sévères ou sous une forme plus douce, vous devez apprendre à les accepter positivement. Les étapes suivantes peuvent vous aider à développer l'art d'être supervisé.

Lorsque votre superviseur vous fait une remarque ou vous critique :

1. Contrôlez vos pensées et votre comportement. Souvenez-vous qu'il y a peut-être du vrai dans ses critiques. (Vous n'en profiterez pas si vous êtes sur la défensive.)

2. Ne répondez pas en vous emportant. Écoutez plutôt attentivement ses commentaires.

3. Demandez-lui des détails si ses critiques vous semblent vagues. Par exemple, si votre superviseur dit : «Je n'aime pas ton attitude», demandez-lui : «Qu'est-ce que vous n'aimez pas dans mon attitude?» Votre superviseur peut vous répondre : «Tu as été impoli en servant Madame Blais tout à l'heure. Tu l'as fait attendre beaucoup trop longtemps.» Vous n'aimerez peut-être pas ce que vous entendrez, mais vous saurez exactement ce qui ne va pas.

4. Utilisez la technique de la paraphrase pour confirmer que vous avez compris le problème.

5. Si la critique est justifiée, excusez-vous et faites savoir à votre superviseur ce que vous comptez faire pour corriger votre comportement ou la situation. Laissez tomber les sentiments de culpabilité. Ne laissez pas les critiques vous accabler et gâcher le reste de votre journée. Dites-vous plutôt que vous ne referez pas la même erreur.

6. Surtout, ne vous refermez pas sur vous-même, ne vous cachez pas derrière les règlements ou ne donnez pas un mauvais rendement si on vous critique. Nous employons souvent un de ces mécanismes de défense. Si quelqu'un nous blesse (en particulier un superviseur), nous avons tendance à nous retirer et à «panser nos blessures».

CHAPITRE SIX

Négocier avec les collègues difficiles

En réalité, tous les employés de votre compagnie sont vos collègues; mais dans le cadre de ce chapitre, un «collègue» est un employé dont le comportement au travail vous affecte, mais avec qui vous n'avez aucune relation d'autorité. (Il ne vous supervise pas et vous ne le supervisez pas.)

Négocier avec les collègues difficiles est très délicat, car si vous essayez de changer leur comportement, mais que vous ne le faites pas correctement, ils penseront que vous essayez de les diriger. Diriger ses collègues sans être superviseur est, bien sûr, quelque chose à éviter à tout prix.

Comme pour les autres types de personnes difficiles, le comportement des collègues difficiles peut prendre plusieurs formes.

LE COMPORTEMENT NON PROFESSIONNEL

La plupart des employés veulent faire du bon travail et être importants pour leur compagnie. Les personnes qui font le meilleur travail possible se donnent des normes élevées de rendement et elles peuvent être fières de leur travail. Leur comportement professionnel cohérent leur vaut le respect et la confiance de leur superviseur, de leurs clients et de leurs collègues.

Le professionnalisme de vos collègues déterminera, en grande partie, si votre milieu de travail sera sympathique ou non. Dans la plupart des milieux, le travail des gens est interdépendant, et l'efficacité et le rendement de chaque travailleur dépendent d'une façon ou d'une autre de la façon dont les autres remplissent leurs fonctions dans la compagnie. Le comportement non professionnel d'une seule personne peut affecter le rendement des autres. Même si la plupart d'entre nous préférons vivre et laisser vivre, lorsque l'inefficacité d'un collègue affecte notre propre rendement, il est utile de connaître les actions qui peuvent être prises pour corriger la situation.

1. Les tire-au-flanc ou les gens qui s'esquivent. Avez-vous des collègues qui ne font pas leur part du travail, mais qui reçoivent leur part de salaire? Si vous croyez que c'est le cas, parlez-en à votre patron. Les compagnies qui utilisent un système de recrutement et de promotion par voie de concours ont rarement ce genre de problème.

Les gens peuvent utiliser toute une variété de tactiques pour fuir leurs responsabilités. Être en retard et ne jamais être à son bureau sont deux trucs très courants. Il y a trois types de comportements relatifs au temps. Imaginons que des gens de chacun de ces trois types ont un rendez-vous à 10 heures.

Les gens du premier type arrivent à 10 heures pile.
Les gens du deuxième type arrivent à 10 h 10 et ils croient être à l'heure.
Les gens du troisième type arrivent à 9 h 50 et ils croient arriver juste à temps.

Les gens du deuxième type supposent que les autres n'ont pas d'objection à attendre. Cette supposition erronée

172

a fait perdre bien des ventes et bien des contrats à plusieurs personnes. Les gens n'aiment pas qu'on les fasse attendre! Ils considèrent que leur temps est précieux et ils n'aiment pas qu'on les traite autrement.

«J'ai une amie avec laquelle je dîne souvent et avec laquelle j'ai régulièrement des réunions, mais elle est toujours en retard. À part utiliser la rétroaction, que puis-je faire d'autre pour corriger cette situation?»

Faites-lui savoir quelles seront les conséquences qu'elle devra subir si elle vous fait attendre la prochaine fois. Dites-lui que si elle n'est pas prête lorsque vous viendrez la chercher, vous partirez sans elle. Puis faites-le! Si vous la rencontrez pour dîner, attendez seulement dix minutes, puis commandez.

Georges travaille au comptoir dans un bureau du gouvernement et il est en contact direct avec le public. Son collègue Paul est souvent en retard. Cela double la charge de travail de Georges qui doit servir lui-même tous les clients.

En utilisant la rétroaction, Georges a dit à Paul: «Paul, tu ne réalises probablement pas que j'ai deux fois plus de travail lorsque tu es en retard. Le service que nous donnons s'en ressent. Qu'est ce que tu pourrais faire pour empêcher que cela se reproduise?» (Remarquez que Georges parle des conséquences pour le service et non de sa frustration personnelle.)

1. Le problème — La charge de travail de Georges est doublée lorsque Paul est en retard.
2. Georges exprime ses sentiments ou ses réactions — L'efficacité du service s'en ressent.
3. La solution — Georges demande à Paul de corriger la situation.

Brigitte est réceptionniste. Une de ses tâches est de répondre au téléphone pour les employés de son service. Il y a un tableau pour les entrées et les sorties que tous les employés doivent garder à jour. Malheureusement, une employée, Manon, quitte son bureau, et parfois l'édifice, sans dire à Brigitte où elle peut la rejoindre. Elle ne demande à personne de répondre à son téléphone. Lorsqu'un client demande à parler à Manon, Brigitte transfère l'appel au bureau de Manon. Si Manon ne répond pas après quelques coups de sonnerie, l'appel lui est retourné.

Brigitte se sent mal à l'aise lorsqu'elle ne peut pas expliquer l'absence de Manon ou lorsqu'elle ne peut même pas dire quand elle reviendra.

En utilisant la rétroaction, elle a commencé la conversation en disant : «J'ai un problème et j'ai besoin de toi pour le résoudre.» Puis, elle a demandé à Manon ce qu'elle suggérait pour éviter que le problème ne se reproduise. (Cela renvoie le problème à Manon, à qui il revient d'ailleurs.) Manon haussa les épaules et Brigitte ajouta : «J'ai besoin de ta coopération pour faire mon travail adéquatement. Je passe pour une personne incompétente lorsque je ne peux pas dire au client où tu es. Il faudrait trouver une solution acceptable pour nous deux.»

La persévérance de Brigitte mena éventuellement à un compromis acceptable pour les deux femmes. Manon accepta de dire à Brigitte où elle se trouvait. Elle s'arrangea avec un collègue pour qu'il prenne ses appels lorsqu'elle n'était pas à son bureau.

2. Les gens qui refilent leur travail aux autres. Certains de vos collègues peuvent essayer de vous refiler leur travail. Ils le font en définissant leurs responsabilités de façon aussi restrictive que possible. Ils sont experts pour expliquer que certaines tâches relèvent de la responsabilité de quelqu'un d'autre.

Claire rapporta le problème suivant : «La réceptionniste semble me transférer tous les appels qu'elle ne sait pas à qui transférer. J'ai trop de travail pour faire une partie du sien en plus!»

Claire devrait d'abord vérifier dans sa description de tâches si cela fait partie de son travail. Si ce n'est pas le cas, elle devrait en parler à son superviseur. Elle devrait commencer la conversation par : «J'ai un problème et j'ai besoin de vous pour le régler. Sylvie, la réceptionniste, me transfère les appels qu'elle ne sait pas à qui transférer. Est-ce que je dois faire ce travail ou devrais-je lui demander de les transférer à quelqu'un d'autre?» Cela permet à son superviseur de savoir ce qui se passe et de décider ce que Claire devrait faire.

Certains collègues qui refilent leurs responsabilités aux autres refusent d'admettre leurs erreurs. Ils disent : «Qui, moi? Je n'ai pas fait ça!» alors que vous savez très bien que c'est de leur faute.

Pour traiter ce genre de problème, ramassez le plus de faits possibles pour montrer le comportement fautif de la personne. Encore une fois, parlez à votre superviseur de votre collègue qui semble avoir de la difficulté à accepter la responsabilité de ses erreurs. Expliquez-lui que vous êtes conscient que tout le monde fait des erreurs, mais que vous et d'autres collègues êtes blessés lorsque cette personne rejette la faute sur quelqu'un d'autre.

3. Les personnes qui perdent leur temps. Voici les cinq principaux types :
   1. *Les gens pressés.* Ils attendent à la dernière minute et travaillent toute la nuit pour respecter les échéances.
   2. *Ceux qui remettent tout au lendemain.* Ils remettent les décisions jusqu'à ce que la situation s'arrange d'elle-même ou qu'ils soient forcés de prendre une décision.
   3. *Les perfectionnistes.* Ils doivent tout faire parfaitement même s'il s'agit de quelque chose d'insignifiant. (Ces personnes doivent apprendre à faire la différence entre ce qui est important et ce qui ne l'est pas.)

4. *Ceux qui savent tout.* Ils retardent l'exécution d'un travail pour avoir l'impression de conserver leur pouvoir personnel et le contrôle de la situation. Cela se produit lorsqu'ils sont délégués pour un travail qu'ils ne veulent pas faire ou qu'ils considèrent que quelqu'un d'autre devrait faire.

5. *Les gens distraits.* Ils retardent le travail à cause de leurs mauvaises habitudes, de leur manque d'organisation ou de leur absence de méthode. Ils tournent en rond et ils travaillent de moins en moins. Ce sont les personnes qui commencent un travail, mais qui le laissent tomber pour un autre et qui ne le terminent pas.

Suzanne s'apercevait à chaque fin de mois qu'elle devait surveiller son collègue Jacques pour qu'il lui fournisse les renseignements dont elle avait besoin pour terminer son rapport. Elle commençait à le lui rappeler une semaine avant l'échéance, puis la veille. Finalement, elle se présentait à la dernière minute et elle insistait pour qu'il lui donne son rapport.

Elle aurait pu essayer la technique de la rétroaction; si cela s'était avéré inefficace, elle aurait pu remettre son rapport sans les renseignements de Jacques. S'il s'agissait de renseignements indispensables, elle aurait pu écrire : «Ces renseignements ne sont pas disponibles au service... (de Jacques).» De cette façon, le blâme serait retombé sur Jacques et non sur elle.

Une autre solution aurait été de demander à son superviseur de corriger la situation. Son superviseur aurait pu alors parler au superviseur de Jacques pour régler le problème.

LE COMPORTEMENT AGRESSIF

Les suggestions énoncées dans les chapitres précédents sur la façon de négocier avec les comportements agressifs vous aideront à régler les problèmes avec ce genre de collègues. Une réponse assurée est habituellement la plus profitable.

1. *Le type compétitif et performant.* Si certains de vos collègues sont des gens performants qui essaient de vous faire sentir incompétent, faites de votre mieux. Ne laissez pas vos collègues établir les normes. Les normes de rendement doivent être basées sur un rendement moyen et non sur le rendement des gens performants. Parlez à votre superviseur si vous croyez que les normes de rendement sont injustes.

Julie avait un problème avec Lucie qui essayait toujours de rivaliser avec elle, même pour des choses insignifiantes. Par exemple, Lucie mettait constamment Julie au défi de faire un test de dactylo pour déterminer qui tapait le plus rapidement. Julie avait fait le test à deux reprises pendant son heure de dîner et elle tapait 65 mots par minute avec deux erreurs. Lucie tapait 80 mots par minute avec huit erreurs et elle croyait être une meilleure dactylo. En fait, Lucie passait une grande partie de son temps à corriger ses erreurs. Julie protesta lorsque Lucie la traita de mauvaise perdante lorsqu'elle refusa de faire un troisième test.

Julie utilisa la technique de la rétroaction pour expliquer à Lucie comment elle se sentait face à son approche compétitive. «Lucie, ce n'est pas important pour moi de savoir qui tape le plus rapidement. Mais ça me dérange que tu insistes constamment pour que je rivalise avec toi. Pourquoi veux-tu toujours être la meilleure?»

«J'aime bien gagner.»

«Est-ce que tu t'es déjà demandé ce que les autres ressentent lorsque tu les obliges à rivaliser?»

«Tout le monde rivalise.»

«Leur as-tu déjà demandé?»

«Non, jamais.»

«Tu devrais peut-être. Moi, par exemple, je n'aime pas rivaliser avec les autres. Du moment que je fais mon possible, je n'ai pas besoin de savoir que je suis meilleure que les autres.»

Lucie ne s'est pas avouée complètement vaincue; elle s'est concentrée sur son approche compétitive dans la vie. Elle a continué de rivaliser, mais dans des situations qui en valaient la peine. Comme elle travaillait au service des ventes, elle a appris à diriger son esprit combatif contre les autres compagnies et non contre ses collègues.

2. **Le type critique.** Lorsque les autres vous critiquent injustement, essayez ce qui suit:

Admettez calmement leur critique et le fait qu'elle contienne peut-être une part de vérité. Cela vous permet de la recevoir en vous sentant à l'aise, sans devenir anxieux ou sans vous mettre sur la défensive. Ne récompensez pas ceux qui utilisent les critiques manipulatrices. Par exemple:

- *Soyez d'accord avec un aspect de la critique.*
  «Tu portes cette horrible blouse aujourd'hui.»
  «C'est vrai, je porte cette blouse.»
- *Accordez au commentaire une certaine valeur.*
  «Tu n'es pas très prudent.»
  «Je ne suis peut-être pas très prudent.»
- *Acceptez la logique du commentaire.»*
  «Si nous achetions un nouveau camion au lieu de garder le vieux, nous serions plus en sécurité et les frais de réparation seraient moins élevés.»
  «Tu as raison. Un nouveau camion aurait tous ces avantages.» (Plutôt que: « Tu veux encore dépenser notre argent.»)
- *Laissez une place à l'amélioration.*
  «Tes robes ne te vont pas très bien.»
  «Je suis certaine qu'elles pourraient m'aller mieux.»

- *Montrez de la compassion.*
  «Tu es très injuste.»
  «Je m'aperçois que tu crois que je suis injuste.»

3. **Le type qui interrompt.** Toutes les interruptions ne sont pas injustifiées. Un certain nombre d'interruptions font partie de tout emploi et personne ne s'attend à ce que ses collègues s'abstiennent de tout échange social. Une action s'impose lorsque les interruptions sont exagérées.

D'abord, tenez un petit journal pour déterminer qui cause les interruptions, quand et pendant combien de temps. Vous découvrirez peut-être que vous passez une bonne partie de votre temps à être interrompu. Si vous croyez que cela vous empêche de faire votre travail, vous avez peut-être besoin de changer votre attitude. Ces interruptions constituent peut-être une part importante de votre travail, aussi importante que de compléter des rapports. Si c'est le cas, vous devez vous dire que cela fait partie de votre travail.

Cependant, si votre journal révèle que plusieurs de ces interruptions ne font pas partie de votre travail, vous devez en analyser la cause plus en profondeur. Certaines de ces interruptions peuvent être provoquées par vous, par exemple, si vous paraissez disposé à être interrompu ou si vous hésitez à dire aux gens que vous êtes trop occupé pour parler. Dans ce cas, vous devez changer votre propre comportement.

Essayez ce qui suit :
- Si la personne veut seulement bavarder, suggérez-lui de vous parler à la pause.
- Établissez des limites pour les réunions et respectez-les.
- Essayez aussi souvent que possible de rencontrer les gens dans leur bureau; de cette façon, vous pouvez partir quand vous voulez.

Une des collègues de Denise avait l'habitude de lui parler lorsqu'elle était au téléphone. Denise n'arrivait pas à se concentrer suffisamment au téléphone à cause du comportement perturbant de sa collègue.

Denise aurait pu tendre un bout de papier et un crayon à sa collègue en lui faisant signe d'écrire son message. Plus tard, elle aurait pu lui expliquer, en utilisant la rétroaction, les difficultés que lui causait son comportement.

LES CONFLITS DE PERSONNALITÉS

Parfois, la chimie entre deux individus peut tout simplement être mauvaise. Normalement, vous évitez simplement cette personne, mais les conflits de personnalités peuvent être plus graves si vous devez travailler avec cette personne.

«Je ne m'entends pas bien avec mon collègue et mon patron ne veut rien faire. Nous nous disputons constamment.»

La première chose à faire est de parler du problème avec l'autre employé. Vous pourriez lui dire: «Jean, nous nous disputons constamment et cela affecte notre rendement et nos chances d'avancement dans la compagnie. Il faudrait trouver un moyen de corriger cette situation.»

Si cette première approche échoue, vous devriez alors en parler à votre superviseur. Dites-lui d'abord: «J'ai un problème et j'ai besoin de vous pour le résoudre. Jean et moi ne sommes pas sur la même longueur d'ondes et nous nous disputons souvent. J'ai essayé de résoudre le problème, mais rien n'a changé. Pouvez-vous me suggérer quelque chose pour que nous nous entendions mieux et que nous soyons plus productifs?» Si le conflit affecte réellement votre productivité et celle de Jean, votre superviseur doit en être conscient. C'est alors sa responsabilité de résoudre le problème.

DIRIGER UNE RÉUNION EFFICACEMENT

Les méthodes pour diriger une réunion diffèrent légèrement de celles pour négocier avec vos collègues en général, car la position de président d'une réunion vous donne une certaine autorité sur les autres participants. Cependant, même si le président d'une réunion a un certain pouvoir que les autres membres n'ont pas, il est bien reconnu que les présidents qui ont le plus de succès ne dirigent pas la réunion. Leur travail est de : a) permettre à tous les participants de partager leur expertise; b) de s'assurer que le but de la réunion est atteint dans le temps alloué.

Si vous avez déjà dirigé une réunion, vous savez comment il peut être difficile de faire ces deux choses en même temps. Vous voulez faire avancer les choses sans perdre une contribution de grande valeur. Vous voulez encourager les échanges tout en évitant qu'une personne prenne la vedette.

Plusieurs techniques peuvent vous aider à régler les problèmes lors d'une réunion. Par exemple, si quelqu'un parle trop, vous pouvez l'interrompre en disant : «C'est très intéressant. Qu'est-ce que les autres en pensent?» ou «Nous avons laissé Georges faire tout le travail. Qu'est-ce que les autres en pensent?»

Si la réunion avance et que la tension monte, c'est le travail du président de mettre l'emphase sur les points qui font l'unanimité et de minimiser ceux où il y a désaccord. Vous pouvez ramener l'attention sur le but de la réunion, poser des questions précises sur le sujet ou demander la contribution d'un participant qui est habile pour régler les disputes : «Qu'en penses-tu Robert?»

Si avant le début de la rencontre, vous soupçonnez qu'il risque d'y avoir des conflits de personnalités, parlez-en aux personnes en cause avant qu'elle ne commence. Demandez-leur de laisser de côté leur attitude négative l'une envers l'autre durant la réunion.

Par exemple, vous êtes le chef d'un projet dont la réalisation nécessite la participation de plusieurs de vos collègues. Vous savez que Robert et Jean ne s'aiment pas, car ils se sont disputés à la dernière réunion et l'un d'eux est sorti en colère. Avant la prochaine réunion, vous pouvez dire : «Robert, je veux te parler avant la réunion. Je parlerai aussi à Jean. Je m'attends à ce que vous participiez tous les deux aux réunions et vous ne pourrez pas le faire si vous êtes fâchés l'un contre l'autre. Est-ce que je peux compter sur ta collaboration?»

Si vous percevez de l'hésitation ou de la résistance, vous pouvez ajouter : «Si la scène de la dernière réunion se reproduit, je devrai parler à ton directeur afin que le projet se déroule bien.»

Voici quelques trucs qui vous permettront de négocier avec les participants difficiles que vous pouvez rencontrer lors de réunions :

Négocier avec les participants difficiles lors d'une réunion

COMPORTEMENT	RAISONS POSSIBLES	SOLUTIONS
Le participant :	Le participant peut :	
Parle trop à un tel point que les autres n'ont pas la chance de participer.	— être un bourreau de travail; — être exceptionnellement bien informé; — parler beaucoup naturellement; — être nerveux.	— Interrompez-le en disant : «C'est intéressant... Voyons ce que les autres en pensent.» — Demandez l'opinion des autres directement. — Suggérez-lui : «Laissons travailler les autres.» — Lorsque la personne arrête pour respirer, remerciez-la, résumez les points importants et passez à autre chose.

Critique à un tel point que les idées ou les opinions des autres sont rejetées ou que les autres sont traités injustement.

— être très contrarié par le sujet de la discussion;
— être contrarié par des problèmes personnels ou de travail;
— manquer de tolérance envers les autres;
— manquer de compassion;
— penser négativement.

— Évitez de vous mettre en colère.
— Essayez de trouver du positif dans ce qui est dit; faites-le ressortir devant le groupe et passez à autre chose.
— Parlez à la personne en privé et expliquez-lui les conséquences de ses actions sur le reste du groupe.
— Essayez d'obtenir la coopération de la personne.
— Encouragez la personne à se concentrer sur ce qui est positif et non sur ce qui est négatif.

Parle en privé avec d'autres personnes du groupe.

— parler de quelque chose relié à la discussion;
— discuter d'un problème personnel;
— ne pas être intéressé par le sujet discuté.

— Posez une question à la personne.
— Résumez la dernière idée ou suggestion du groupe et demandez l'avis de la personne.

Est incapable de s'exprimer pour que tout le monde comprenne.

— être nerveux, gêné, excité;
— ne pas être habitué à participer à des discussions de groupe.

— Répétez en d'autres mots ce que la personne a dit et demandez qu'elle confirme votre interprétation.
— Laissez assez de temps à la personne pour s'exprimer.
— Aidez la personne en faisant preuve de compréhension.

Recherche toujours l'approbation.

— rechercher un conseil;
— essayer que son supérieur appuie son point de vue;
— essayer de mettre sur la sellette son supérieur.

— Évitez de prendre partie, surtout si le groupe risque d'être influencé par votre opinion.

183

Se dispute avec un autre participant.	— avoir une vieille rancune; — avoir des idées toutes faites sur le sujet.	— Mettez l'accent sur les points qui font l'unanimité et minimisez les points où il y a désaccord. — Dirigez l'attention des participants vers les objectifs de la réunion. — Mentionnez les limites de la réunion. — Demandez aux participants de passer l'éponge pour le moment.
Est trop tranquille, ne veut pas participer.	— être ennuyé, timide, indifférent, inquiet; — en savoir plus sur le sujet que le reste du groupe.	— Posez des questions auxquelles vous croyez que la personne peut répondre. — Misez sur les connaissances ou l'expérience de la personne comme personne-ressource.
Recherche l'attention.	— se sentir inférieur; — cacher son ignorance en faisant des pitreries.	— Rappelez à la personne le sujet discuté. — Parlez à la personne en privé. Montrez-lui les conséquences de son attitude sur le groupe.
Ne participe pas et ne veut pas prendre de nouvelles tâches.	— être paresseux; — être déjà trop occupé; — croire qu'on n'aurait pas dû lui demander d'être à cette réunion.	— Demandez-lui des détails sur son emploi du temps. — Demandez à la personne de se porter volontaire (comme les autres dans le groupe). — Assurez-vous d'avoir les bonnes personnes lors d'une prochaine réunion.

A déjà trop de responsabilités pour en prendre d'autres.	— ne pas être conscient de ses capacités et de sa compétence; — manquer d'organisation.	— Demandez des détails sur l'emploi du temps de la personne. — Demandez-lui si elle a trop de responsabilités. — Dites-lui que vous comptez sur elle. — Envoyez-la à un cours de gestion du temps.
Refile la responsabilité aux autres pour tout ce qui ne va pas bien et n'accepte pas les nouvelles responsabilités facilement.	— être incapable d'admettre ses erreurs; — avoir peur de prendre des risques.	— Demandez à la personne de rendre compte de ses actions. Demandez-lui des faits pour appuyer ses allégations. — Demandez-lui en privé pourquoi elle refuse de nouvelles responsabilités.

Supposez que vous présidez une réunion et que vous devez distribuer les tâches d'un projet à un groupe. Que faites-vous lorsque vous avez une réunion pour faire un suivi du projet et que vous obtenez de piètres excuses pour les tâches qui n'ont pas été complétées?

a. «Je ne savais pas que j'étais responsable!»
b. «Je n'ai jamais accepté de faire ça!»
c. «Je croyais que tu n'en avais pas besoin avant la semaine prochaine.»

Les techniques suivantes peuvent vous aider à faire un bon suivi et à obtenir la collaboration des participants.

1. Établissez un emploi du temps avec des échéances (donnez-en une copie à chaque personne avant la réunion). Puis, suivez-le.
2. Pendant la réunion, déléguez les responsabilités au besoin.
3. Établissez des échéances fermes pour chaque tâche.

4. À la fin de la réunion, demandez à chaque participant de confirmer ce qu'il a à faire. «Que devez-vous
faire d'ici à notre réunion de décembre? Robert?...
Simon?...»

5. Faites un suivi par écrit (avec les notes de la
réunion).

CHAPITRE SEPT

NÉGOCIER AVEC LES EMPLOYÉS DIFFICILES

COMPRENDRE LE RÔLE DU SUPERVISEUR

Le rôle du superviseur comporte cinq éléments essentiels. Le superviseur a la responsabilité de :
— déléguer le travail;
— vérifier le travail;
— évaluer le rendement;
— faire la discipline;
— engager son personnel.

1. **Déléguer le travail.** Cela implique de donner des tâches à ses subordonnés pour qu'ils les exécutent.

2. **Vérifier le travail.** Cette tâche a pour but de vérifier si les employés ont fait leur travail adéquatement. Vous devez vérifier la quantité et la qualité du travail ainsi que le temps requis pour l'accomplir.

3. **Évaluer le rendement.** Vous, et personne d'autre, devriez avoir la responsabilité d'évaluer le rendement de vos subordonnés. Ce n'est pas le rôle de votre directeur, car il n'est pas directement responsable du travail de vos subordonnés. Votre directeur peut vérifier la

justesse de vos résultats, mais c'est à vous de faire l'évaluation des employés que vous supervisez.

4. **_Faire la discipline._** Comme votre personnel finit toujours par avoir une bonne ou une mauvaise image de vous, vous avez besoin de ce moyen de contrôle pour corriger les problèmes de productivité ou de comportement. Cependant, à cause des dangers de poursuites pour renvois injustifiés, plusieurs compagnies remettent les renvois entre les mains de gens spécialement formés.

5. **_Engager son personnel._** Lorsque c'est possible, essayez de prendre part le plus possible à l'embauche des gens qui travailleront pour vous. Si vous n'êtes pas sur la même longueur d'ondes, il vous sera peut-être difficile de travailler en équipe.

Malheureusement, la plupart des personnes qui font passer des entrevues pour un emploi décident s'ils engageront quelqu'un dans les quatre premières minutes de l'entrevue. Ils basent leur décision sur ce qu'ils voient, entendent et pensent. Ils évaluent le langage non verbal de la personne — sa manière de marcher, de parler, de s'asseoir et de serrer la main — et son habileté à s'exprimer — comment elle s'exprime, son niveau de confiance, etc.

À ce stade de l'entrevue, l'intervieweur n'a pas encore commencé à poser les questions qui devraient déterminer si la personne est compétente pour le poste.

Si vous êtes responsable de l'embauche des employés, gardez un esprit ouvert jusqu'à la fin de l'entrevue. De cette façon, votre décision sera basée sur des renseignements plus concrets.

Comment évalue-t-on un poste de superviseur? Si vous avez seulement les deux premières responsabilités, vous avez un rôle de guide. C'est une situation perdante. Si vous n'avez pas la responsabilité d'engager le personnel et de faire la discipline, vous aurez peu de respect de la part de vos subordonnés et peu de pouvoir sur leur rendement.

Si vous n'avez pas de contrôle sur vos employés et que leur travail n'est pas satisfaisant, à qui la faute? Si vous êtes dans cette position, demandez à votre patron de vous donner les quatre premières responsabilités (et la cinquième, si possible). Si votre demande est refusée, demandez au directeur de s'occuper de déléguer et de vérifier le travail et expliquez-lui pourquoi.

MOTIVER LES EMPLOYÉS

Bien sûr, le rôle du superviseur ne se limite pas à donner et vérifier le travail, à évaluer le rendement et à faire la discipline. L'art de superviser dépend en grande partie de votre habileté à motiver les gens.

Les superviseurs doivent se méfier de leurs opinions lorsqu'ils essaient de motiver leurs employés. Si un superviseur croit que ses employés sont intelligents, il les traitera en conséquence. Si un superviseur croit ses employés capables de fonctionner de façon autonome, il les traitera en conséquence. Malheureusement, si un superviseur croit que ses employés sont paresseux, idiots ou lents d'esprit (ou tout autre qualificatif négatif), il les traitera aussi en conséquence. Les gens réagissent selon ce qu'ils croient qu'on attend d'eux. Si un superviseur s'attend à un rendement élevé, c'est probablement ce qu'il obtiendra. Si le superviseur s'attend à une faible productivité, il y a de fortes chances qu'il l'obtienne.

Devez-vous changer votre attitude envers la compétence de vos employés? Laissez-vous vos opinions personnelles influencer votre manière de les superviser?

Certaines personnes sont motivées par l'intérêt qu'elles portent à leur travail. D'autres facteurs de motivation sont le besoin ou le désir :

— d'argent;
— d'être accepté par ses semblables;
— de compétition / de défi;
— de récompense;
— d'un statut social;
— de meilleures conditions de travail;
— de sécurité d'emploi;
— d'obtenir une promotion;
— d'un meilleur poste;
— d'avantages supplémentaires;
— de reconnaissance pour le travail bien fait.

Il est possible que vos employés reçoivent seulement des commentaires négatifs de votre part. Chacun d'entre nous désire être complimenté et être reconnu pour son travail bien fait. C'est le plus grand facteur de motivation. Essayez-le et vous verrez les résultats.

Soyez conscient qu'il n'est pas possible de motiver tout le monde. Certaines personnes ne peuvent pas être motivées. Avec les employés insatisfaits, commencez par leur exposer clairement ce que vous attendez d'eux. (Accompagnez vos demandes de tous les renseignements nécessaires.) Puis donnez-leur la chance de s'améliorer. S'ils refusent de se soumettre, remplacez-les. Il y a trop de bons travailleurs qui sont sans emploi pour que les compagnies gardent des employés qui se traînent les pieds. De plus, ils démotivent les autres.

Familiarisez-vous avec les techniques de gestion de ressources humaines et essayez de les implanter dans votre compagnie si cela n'est pas déjà fait. Des outils de base en gestion du personnel, telles les descriptions de tâches et les évaluations de rendement, aident les employés à savoir ce qu'on attend d'eux et à constater que leur travail est reconnu. Ils peuvent avoir confiance que les procédures en place leur permettront de développer leur compétence et d'obtenir de l'avancement. Les avantages de certains de ces outils de gestion sont exposés ci-dessous.

LES OUTILS DE GESTION POUR MOTIVER LES EMPLOYÉS

«Mes employés s'attendent à être reconnus pour leur contribution à mes rapports et à mes projets.»

Comme nous l'avons mentionné dans le chapitre portant sur les superviseurs, le superviseur qui refuse de reconnaître le travail de ses employés irrite ses subordonnés. Reconnaître le travail de vos employés dans un projet ne peut pas vous faire de tort. Si vous ne le faites pas, ils seront démotivés pour le projet suivant. Le but principal du superviseur est de motiver son équipe à faire de son mieux. Reconnaître leur travail, n'est-ce pas la chose la plus logique?

«Mes employés s'attendent à ce que je modifie les descriptions de tâches pour les adapter à leurs talents et à leur compétence!»

Plusieurs compagnies progressives le font. Au lieu de pousser les employés à répondre aux besoins de la compagnie, plusieurs adaptent les postes aux talents et à la compétence de leurs employés. Jusqu'à ce que toutes les compagnies fassent de même, les employés doivent se soumettre aux exigences du poste qu'ils occupent.

«Je ne crois pas aux descriptions de tâches, car cela encourage les employés à se retrancher derrière elles. Cela ne fait pas partie de ma description de tâches!»

Comme nous l'avons dit plus haut, des descriptions de tâches précises et à jour sont essentielles pour que les employés fassent un bon travail. Comment vos employés peuvent-ils faire un bon travail s'ils ne savent pas ce qu'on attend d'eux? Définissez clairement chaque tâche en donnant des normes de rendement (qualité, quantité et temps) pour chacune. C'est la seule manière pour vous et vos employés de savoir ce que vous attendez les uns des autres.

«Je n'ai pas de budget de formation, mais mes employés veulent recevoir une formation.»

193

Ce n'est pas une situation enviable. Malheureusement, un mauvais climat économique en est souvent la cause. Les compagnies ne peuvent pas toujours fournir l'argent nécessaire à la formation, mais vous pouvez trouver des compromis. Certaines compagnies demandent aux employés de signer un document qui stipule que l'employé devra rembourser les frais de formation s'il quitte la compagnie dans les deux années suivant la formation. La compagnie peut également payer la moitié des frais de formation.

Si un employé exige une formation, le superviseur doit démontrer à la direction la rentabilité de cette formation en rapport avec son coût. Décrivez comment cette formation peut aider la compagnie. Essayez surtout d'identifier les avantages financiers pour la compagnie. Si la compagnie refuse toujours de participer, encouragez l'employé à aller chercher sa formation lui-même. Expliquez-lui les avantages d'un éventuel salaire plus substantiel comparé au coût de la formation. C'est un investissement dans l'avenir.

«Mes employés aimeraient avoir des évaluations de rendement régulièrement, mais la compagnie n'en fait pas.»

L'évaluation annuelle de rendement est une pratique courante dans la plupart des entreprises. On fait souvent une évaluation à la fin de la période d'essai de l'employé. C'est très utile pour faire constater aux employés leur rendement. Certaines entreprises font des évaluations de rendement après chaque projet spécial.

Il existe plusieurs genres d'évaluation de rendement. Plusieurs sont peu fiables, car elles évaluent des facteurs subjectifs, comme l'attitude, le jugement et l'initiative. Ce type d'évaluation dépend largement de l'humeur de la personne qui la prépare.

Les employés devraient plutôt être évalués sur l'atteinte de leurs objectifs. Chaque objectif devrait inclure des normes de rendement. Cette méthode élimine l'incertitude qui accompagne parfois l'évaluation de rendement. L'employé et le superviseur savent exactement quel est le rendement de l'employé, car son évaluation est basée sur des faits plutôt que sur l'impression personnelle du superviseur.

Si votre compagnie ne fait pas d'évaluations de rendement régulièrement, suggérez-le. Spécifiez que vous ferez de telles évaluations avec vos employés, même si la compagnie n'en fait pas. Dans bien des cas, lorsqu'un service met sur pied un système d'évaluation, les employés des autres services en voient les avantages et ils demandent qu'il soit utilisé dans toute la compagnie. Essayez. Vous n'avez rien à perdre.

«Nous n'avons pas de service du personnel. Comment puis-je choisir une bonne échelle de salaire pour mes employés?»

Vérifier auprès de compagnies semblables à la vôtre les salaires offerts pour des emplois qui correspondent à ceux de votre entreprise. Consultez les offres d'emplois dans les journaux. Ne péchez pas par avarice : il est préférable d'être un peu plus généreux avec les salaires que de perdre de bons employés mal payés.

«Devrais-je suivre la tendance actuelle de remplacer les employés plus âgés, mieux payés, par des jeunes qui coûtent moins cher.»

C'est une question difficile. Souvent, c'est la seule solution que les compagnies ont pour résoudre leurs problèmes financiers. Un employé âgé qui est à cinq ans de sa retraite peut gagner 40 000 $ et il peut être remplacé par un jeune qui gagnera 30 000 $.

Plusieurs compagnies offrent à leurs employés plus âgés une retraite anticipée. Cependant, certaines compagnies décident simplement de laisser s'en aller leurs employés plus âgés qui leur coûtent plus cher. Cela est non seulement accablant pour l'employé, mais les autres membres du personnel peuvent commencer à se demander quand leur tour viendra. Les employés que les compagnies désirent garder peuvent chercher un autre emploi et quitter à un moment inopportun. Le moral et la productivité peuvent en être affectés.

Même s'il n'y a pas de solution facile à ce problème, les compagnies doivent peser le pour et le contre soigneusement avant de choisir cette option.

MOTIVER LES EMPLOYÉS AGRESSIFS

Le meilleur test pour évaluer la compétence d'un superviseur est un employé qui semble peu motivé, mais qui a le potentiel pour devenir un atout majeur pour la compagnie. Ces employés ont souvent beaucoup d'énergie; ils le manifestent par des comportements agressifs, négatifs et même, perturbateurs. Leur comportement négatif peut être causé par :

— le sentiment qu'ils n'ont pas de sécurité d'emploi;
— le sentiment qu'ils manquent de formation, d'expérience ou de connaissances nécessaires;
— un manque de confiance dans leur compétence, leurs talents et leurs réalisations;
— un travail qui n'utilise pas leur compétence et leurs talents;
— le sentiment de ne pas appartenir à leur groupe de travail (peut-être à cause de différences raciales ou culturelles).

Ceux qui ne se croient pas aptes à remplir leur poste, pour quelque raison que ce soit, peuvent agir agressivement envers la compagnie, la direction, leur superviseur, leurs collègues ou leurs clients. Les superviseurs qui veulent changer un tel comportement peuvent :

— faire des compliments sincères pour le travail effectué;
— expliquer à leur employé la valeur de ses efforts pour les autres employés (il fait partie de l'équipe);

— lui expliquer l'importance de son travail pour la compagnie;

— lui démontrer que sa formation et ses qualifications lui permettent de faire un travail satisfaisant;

— lui montrer une certaine reconnaissance pour ses réalisations;

— l'amener à participer en groupe et lui demander son avis;

— lui décrire soigneusement les responsabilités de son poste et établir des normes de performance raisonnables.

Plusieurs employés agressifs ont beaucoup à offrir. Ils peuvent être très attirés par le succès et prêts à relever des défis et à se donner des objectifs élevés pour être reconnus. Leur énergie est souvent très grande et leurs superviseurs ont parfois de la difficulté à les occuper de manière constructive. Le pouvoir stimule ces personnes et elles réagissent bien si on leur confie un poste d'autorité lorsqu'elles sont prêtes. Donnez-leur des responsabilités qui leur permettront d'avoir du pouvoir; mais surveillez leurs abus envers les autres employés ou les clients. Ces employés peuvent avoir de la difficulté à déléguer et à demander de l'aide s'ils en ont besoin. Ils peuvent préférer travailler seul. Donnez-leur cette chance, si possible. Ces employés ont aussi tendance à aimer la variété; essayez de varier leurs tâches le plus souvent possible.

MOTIVER LES EMPLOYÉS RÉTICENTS AUX CHANGEMENTS

Lorsque les superviseurs veulent changer les méthodes de travail de leurs subordonnés, ils sont souvent surpris par la résistance qu'ils rencontrent. Cela est particulièrement vrai de nos jours à cause des changements technologiques.

Avez-vous des problèmes à vous adapter aux changements? Pouvez-vous penser à un changement auquel vous faites face présentement? Si vous pouvez en identifier un, demandez-vous : «Que va-t-il se passer si je refuse de changer?» Puis, déterminez les avantages de changer maintenant plutôt que d'attendre d'être obligé de le faire plus tard.

Les superviseurs et les personnes responsables de la formation doivent connaître les stades par lesquels les gens passent pour s'ajuster à un changement afin de pouvoir les aider à faire la transition le plus facilement possible. Le processus comprend trois stades :

1. *Le déblocage.* Pendant cette période initiale, vous exigez que l'employé abandonne sa manière habituelle de faire les choses et vous définissez les nouvelles méthodes à adopter. Cela permet de briser les vieilles habitudes.

2. *Le changement.* Vous expliquez en quoi consiste le nouveau comportement à adopter ou la nouvelle manière d'exécuter une tâche. Vous enseignez la nouvelle procédure à suivre. Cependant, avant de pouvoir le faire, le superviseur doit démontrer les avantages du changement et identifier les raisons qui peuvent provoquer une certaine résistance. Il devrait aussi penser à la manière de répondre aux objections qui lui seront apportées.

3. *Le retour en arrière.* L'utilisation de la nouvelle méthode par les employés est contrôlée jusqu'à ce qu'elle soit bien implantée. Les superviseurs doivent surveiller les employés de mauvaise foi qui refusent de s'adapter. Cela peut exiger jusqu'à trois mois de surveillance constante.

Vaincre les objections aux changements

Les systèmes, les méthodes et les concepts nouveaux ne fonctionnent pas s'ils ne sont pas acceptés par les gens. Vous devrez peut-être vendre vos idées. La planification peut vous venir en aide. Par exemple, supposez que vous avez

trouvé une méthode plus rapide pour traiter les comman-
des de vos clients. Avant d'expliquer ce nouveau système
aux autres, préparez-vous :
  a. écrivez un résumé de la méthode que vous utilisez
     actuellement;
  b. identifiez les avantages et les désavantages de cette
     méthode;
  c. écrivez un résumé de la nouvelle méthode que vous
     avez trouvée;
  d. identifiez les avantages et les désavantages de cette
     nouvelle méthode;
  e. pensez aux objections que les autres pourraient faire
     et préparez ce que vous allez dire pour défendre
     votre idée.

La liste qui suit vous aidera à vaincre les objections des
autres plus efficacement.
  • Prévoyez le plus d'objections possibles et préparez-
    vous à les affronter. Élaborez une réponse pour cha-
    cune d'elles.
  • Demandez au personnel d'expliquer leurs objections
    en détail et de donner des exemples.
  • N'acceptez pas de raisons superficielles. Creusez
    jusqu'à ce que vous trouviez les vraies raisons.
  • Trouvez une solution pratique pour surmonter tou-
    tes les objections, si c'est possible.
  • Si vous êtes incapable d'éliminer une objection,
    essayez de trouver un compromis.
  • Rassemblez assez d'avantages pour gagner le sou-
    tient et la coopération de la personne qui s'objecte.
  • Trouvez une façon de rassurer la personne, malgré
    ses objections, et de diminuer sa peur face au chan-
    gement.
  • Avec les personnes qui s'objectent régulièrement et
    même constamment, introduisez votre idée graduel-
    lement. N'essayez pas de la faire accepter immé-
    diatement. L'objection peut être simplement une

tactique pour remettre la chose à plus tard — une résistance naturelle de la personne aux changements.

• Pensez à présenter vous-même les principales objections plutôt que d'attendre que les autres le fassent. Puis expliquez comment elles peuvent être réglées.

FAIRE LA DISCIPLINE OU REPRENDRE LES EMPLOYÉS

Les superviseurs doivent parfois corriger le comportement de leurs employés. Le résultat final dépend de la façon de procéder. Voici deux types de critiques, l'une constructive et l'autre destructive.

1. **La critique constructive.** Une critique constructive vise à changer un comportement. La personne qui fait la critique explique ce qu'elle pense du comportement qui doit être changé et elle laisse la chance à l'autre de modifier son comportement. Par exemple : «Johanne, le fait que tu mâches de la gomme me dérange dans mon travail. Que dirais-tu de sucer un bonbon à la place?»

2. **La critique destructive.** Une critique destructive vise la personne plutôt que le comportement. Par exemple : «Johanne, arrête de mâcher de la gomme! Tu es la personne la plus égoïste que je connaisse. Tu n'as aucune considération pour ceux qui t'entourent.»

Johanne ressent probablement le besoin de se défendre (car elle a été attaquée personnellement). Elle répliquera probablement et son comportement négatif risque fort de continuer.

Les techniques de communication suivantes sont très utiles lorsqu'il est nécessaire de reprendre ou de critiquer un subordonné.

LES QUESTIONS EMPATHIQUES

Ce type de questions montre que vous acceptez et que vous comprenez les sentiments de la personne à qui vous parlez et que vous reconnaissez ses efforts pour changer.

1. «As-tu l'impression que ... ne coopère pas avec toi?»
2. «Comment puis-je t'aider à éliminer cet obstacle?»
3. «Crois-tu avoir les compétences pour exécuter ce travail?»

LES QUESTIONS EXPLORATOIRES

Ce type de questions permet une analyse plus poussée, même si les faits sont déplaisants.

1. «Explique-moi en détail ce qui arrive.»
2. «Qu'est-ce qui te cause un problème en ce moment?»
3. «Quand cela a-t-il commencé?»
4. «Comment cela affecte-t-il ton rendement?»

«Je ne sais jamais comment commencer une rencontre où je dois parler à une personne à propos de son comportement. Devrais-je commencer par lui dire combien j'apprécie ses qualités avant de me concentrer sur ce qu'elle doit changer?»

Commencez par résumer brièvement le comportement de l'employé (essayez de mettre l'accent sur les aspects positifs); puis discutez du comportement que vous voulez corriger. Terminez en parlant de ses points forts.

Pensez aux conversations que vous avez déjà eues avec vos anciens patrons. Les avez-vous écoutés lorsqu'ils vous parlaient de ce que vous faisiez de bien? Probablement pas. Nous avons tendance à attendre le «mais» et nous écoutons rarement ce qui le précède. La plupart des gens agissent de manière correcte 95 p. cent du temps; mais ils se sentent blessés par les 5 p. cent qui nécessitent une correction.

Pour cette raison, vous devriez commencer par les 5 p. cent qui doivent être corrigés. Expliquez que l'important est d'apprendre de nos erreurs et de ne pas les répéter. Ensuite, vous pouvez continuer en soulignant les comportements que vous trouvez positifs chez cette personne. La rencontre se termine ainsi sur une note positive et plaisante pour les deux parties. L'employé sait ce qu'il doit changer, mais il ne repart pas avec un sentiment d'échec.

DÉLÉGUER DES TÂCHES

Plusieurs superviseurs échouent à cause de leur difficulté à déléguer les tâches adéquatement. Ils ont des excuses du genre :

- «J'en ai besoin tout de suite. Je peux terminer ce travail et trois autres, si je le fais moi-même. Il me faudrait deux fois plus de temps pour entraîner quelqu'un et vérifier si le travail a été bien fait!»
- «Ce travail est tellement important que je suis le seul à pouvoir le faire.»
- «J'ai peur que mes employés n'y arrivent pas.»
- «Je peux le faire mieux que quiconque.»
- «Je ne veux pas que mes employés me considèrent comme un tyran.»

Plusieurs raisons se cachent derrière ces explications. Les superviseurs ne délèguent pas assez de travail parce que :

- Ils ont peur de perdre le contrôle. Ils sont directement responsables des erreurs de leurs employés.
- Ils ont peur de perdre leur emploi. Certains superviseurs croient que s'ils délèguent trop, ils n'auront plus rien à faire. Une autre façon de l'exprimer est de dire : «Supposez qu'un de mes employés devienne meilleur que moi!»

Plusieurs superviseurs ne sont pas conscients d'un élément important de la délégation. Le manque de préparation de leurs employés pour leur succéder peut faire en sorte qu'ils seront ignorés lorsqu'un poste plus important se présentera. Montrer qu'un de leurs employés est capable de les remplacer est une façon de montrer qu'ils sont prêts pour une promotion. (Ils peuvent le faire en s'assurant qu'au moins un employé peut les remplacer lorsqu'ils sont absents.)

LES PRÉJUGÉS CONTRE LES FEMMES SUPERVISEURES

Les hommes et les femmes qui croient que les hommes sont supérieurs et que le monde devrait être dirigé par les hommes peuvent avoir des préjugés contre les femmes. Il s'agit du pire problème que les femmes rencontrent encore sur le marché du travail. Comment les femmes devraient-elles réagir à ces préjugés?

Certaines attitudes sexistes sont adoptées ouvertement et il est évident que la personne qui agit ainsi veut remettre les femmes à leur place. Cependant, plusieurs personnes ne sont pas conscientes que leur attitude peut être considérée comme discriminatoire. Ce sont souvent des hommes plus vieux ou des hommes qui ont grandi dans un milieu où les femmes avaient un rôle traditionnel et subalterne. Plusieurs de ces hommes appellent les femmes «chérie» parce qu'elles leur sont chères. Ces hommes protègent les femmes; ils croient que c'est leur devoir. Ce genre d'hommes ne cherchent pas à blesser les femmes et ils ne comprennent habituellement pas pourquoi elles sont offusquées par certaines remarques. Dans un tel cas, une réponse délicate s'impose. L'utilisation de la rétroaction donnera à ces hommes la chance de modifier leur comportement.

Plusieurs femmes âgées souffrent aussi des préjugés sexistes. Elles ont été conditionnées à croire que la femme doit être subalterne et que les femmes qui rivalisent avec d'autres, qui supervisent des hommes ou qui remplissent une fonction d'autorité ne sont pas féminines. Elles ont peu de considération pour ces femmes, particulièrement si elles ne sont pas mariées et si elles ne veulent pas d'enfant.

Les attitudes négatives envers les femmes ne sont pas rares chez les femmes jeunes ou d'âge moyen. Par exemple, les femmes qui n'acceptent pas d'ordre de leur superviseure croient inconsciemment que seuls les hommes devraient être superviseurs. Elles remettent en question la compétence de la femme qui les supervise et elles lui rendent la vie difficile.

Le femmes qui occupent des emplois subalternes font habituellement des extra pour aider leurs superviseurs (habituellement des hommes) à être organisés, à l'heure et à l'aise. Elles prennent soin de leurs superviseurs (leur apportent du café, leur rappellent leurs rendez-vous et ouvrent leur courrier). Lorsqu'une femme est nommée dans un poste de supervision, ces attentions peuvent cesser à moins qu'elle ait la situation bien en main. Elle doit parfois faire savoir à ses employés qu'elle s'attend à recevoir la même aide que l'ancien superviseur mâle.

LES SUBORDONNÉS PLUS ÂGÉS

Ginette avait un problème, plutôt rare autrefois, mais qui est de plus en plus courant. À l'âge de 25 ans, elle occupait le poste de superviseure des employés de son bureau. Sa formation l'avait préparée pour un tel poste et elle avait quatre années d'expérience. Cependant, elle n'était pas prête à superviser des femmes qui avaient le double de son âge. Ces femmes avaient en moyenne de 10 à 15 ans d'expérience dans un bureau. Elles affichaient ouvertement leur hostilité et elles refusaient de collaborer.

Ginette décida de faire venir à son bureau Sarah, une de celles qui étaient les moins hostiles, pour discuter du problème. Sarah fut franche. Elle admit qu'elle avait été surprise et désappointée lorsque Ginette avait été engagée de l'extérieur comme superviseure. Elle s'attendait à voir arriver quelqu'un de son âge ou quelqu'un de plus vieux — peut-être quelqu'un de son groupe, ou quelqu'un dont l'expérience lui donnerait le «droit» de superviser. Au lieu de cela, elle vit arriver une femme du même âge que sa fille.

Elle admit que lorsque Ginette la félicitait pour son bon travail, elle se sentait traitée avec condescendance et lorsqu'elle était reprise, elle se sentait sur la défensive. Une fois ces sentiments exprimés, les deux femmes purent repartir à zéro. Ginette comprenait maintenant les raisons de l'opposition de Sarah et elle était en meilleure position pour y faire face. Sarah avait clarifié ses sentiments et elle était prête à faire un effort pour changer son attitude envers Ginette.

Peu de temps après, Ginette organisa une réunion avec tout le personnel pour discuter du problème. Elle leur expliqua qu'elle comprenait leurs réactions et elle leur exposa ce qu'elle attendait d'elles. Puis elle ajouta qu'elle comptait sur la coopération de son équipe et elle demanda à chaque personne : «Est-ce que je peux compter sur vous à l'avenir?» Une employée, Julie, semblait réticente à prendre un tel engagement et Ginette sut ainsi qu'elle devrait la surveiller de près. Sa faible productivité et son attitude négative obligèrent rapidement Ginette à lui faire des remarques. Elle lui expliqua à nouveau ce qu'elle attendait d'elle et quelles seraient les conséquences du travail bâclé de Julie. Malheureusement, Julie n'accepta jamais Ginette. Elle continua à faire un travail bâclé et elle dut finalement être renvoyée.

Ginette eut plus de succès avec les autres. Lorsqu'elle vit un changement marqué dans leur attitude et leur productivité, elle les remercia de leur compréhension et de leur coopération.

Traditionnellement, la société nous enseigne qu'une femme plus âgée (la mère ou la tante) sait plus de choses et qu'elle doit être traitée avec respect. Intervertir les rôles peut être déconcertant pour une jeune superviseure, qui se retrouve artificiellement dans la position de la mère, et pour l'employée plus âgée, qui se retrouve dans la position de la fille qui recherche l'approbation. Ces sentiments tournent autour de la question du pouvoir et de la personne qui a le droit de le détenir. Il n'existe aucune solution toute faite à ce problème.

LES SUBORDONNÉS MÂLES

Barbara supervisait une équipe de trois hommes. Elle était ingénieure et les trois hommes étaient technologues. Ses subordonnés ne semblaient pas l'écouter et ils insistaient pour faire leur travail à leur façon. Heureusement, Barbara avait pris soin, avant d'accepter le poste, de suivre une bonne formation de superviseur. Cela lui donnait une plus grande confiance en elle.

Barbara dut entreprendre des mesures disciplinaires lorsqu'un de ses subordonnés mâles refusa de faire une tâche qui lui était assignée. C'était un cas d'insubordination très sérieux qui aurait pu conduire au renvoi de l'employé. Elle s'en occupa personnellement et elle plaça dans le dossier de l'employé un avertissement sévère pour lui indiquer qu'il serait renvoyé si sa conduite négative persistait. Elle avisa son superviseur de ce qu'elle avait fait et il la félicita de sa grande compétence dans cette situation difficile.

L'OPINION DES SUBORDONNÉS

Margaret était considérée comme une personne agressive par ses subordonnés et ses collègues. Elle croyait faire son travail et elle avait observé que d'autres superviseurs agissaient comme elle. Elle copiait le comportement et le langage de ses homologues mâles. Cela ne lui réussissait pas et on la considérait comme une femme agressive.

Son apparence et le langage de son corps suggéraient qu'elle était une femme forte, confiante et plutôt arrogante.

Ces qualités sont facilement acceptées chez un homme, mais beaucoup moins chez une femme. Je lui expliquai que son problème pouvait être le ton de sa voix ou le langage de son corps.

En la questionnant, je découvris qu'elle avait tendance à donner des directives sous la forme d'ordres plutôt que de demandes — «Tu feras...» plutôt que «J'aimerais que tu fasses...» Elle accepta d'adoucir le ton de sa voix et de changer le langage de son corps. Ce fut une réussite.

LE COMPORTEMENT IMPRODUCTIF

Les termes «comportement improductif» englobent une multitude de situations, de l'inefficacité insoluble au vol. De bonnes techniques de communication peuvent suffire dans certains cas. D'autres cas mettent à l'épreuve tous vos talents de supervision et de gestion.

PRENDRE SES RESPONSABILITÉS

Dans la complexité de l'environnement administratif d'aujourd'hui, il importe de plus en plus d'éviter les erreurs même mineures. Des employés qui refilent leurs responsabilités aux autres peuvent être le signe que leur superviseur ne délègue pas les responsabilités correctement ou qu'il ne définit pas les responsabilités clairement. Un manuel officiel des règlements et des procédures qui décrit les responsabilités peut éliminer ce genre de problèmes.

Les superviseurs ne doivent pas se contenter de dire à leurs employés comment faire leur travail. Ils doivent aussi leur expliquer clairement quelles sont leurs responsabilités. Par exemple: «Sylvie, tu es responsable de mettre les factures de transport avec les copies qui viennent du rapport de la réception.» «Et s'il y a des différences?» «C'est ta responsabilité de noter les différences sur la facture destinée

207

aux comptes payables. Tu seras responsable des erreurs. Des questions?»

Même une employée qualifiée, comme Sylvie, peut faire des erreurs. Cependant, elle en fera de moins en moins et elle n'essaiera pas d'en rejeter la responsabilité sur quelqu'un d'autre si vous lui rappelez que c'est la sienne.

Ne soyez pas trop dur pour les erreurs. Une trop grande discipline ne fait qu'encourager les excuses. Par exemple : «L'expéditeur m'a dit que je pouvais approuver les factures de transport par camion; je croyais que je pouvais le faire dans ce cas-ci aussi» ou «Ce n'est pas de ma faute. Jean m'a dit que je pouvais l'approuver.»

Des mesures disciplinaires trop sévères pour des erreurs peuvent avoir d'autres conséquences néfastes, en dehors des excuses. Cela entraîne le mensonge, la tromperie et l'hypocrisie. La dissimulation des erreurs peut causer des dommages irréparables à une compagnie. Un mauvais service peut être coûteux. Le coût immédiat pour remplacer le service et l'image moins bonne de la compagnie peuvent se traduire par une baisse des ventes et des profits.

De temps à autre, les superviseurs devraient donner l'exemple en admettant leurs propres erreurs devant leurs subordonnés. Cela leur montrerait que rejeter la responsabilité sur quelqu'un d'autre n'est pas acceptable.

LES EMPLOYÉS DÉBORDÉS

«Le travail n'avance pas parce que Jean est assis dessus!» La direction se plaint souvent des employés qui sont débordés. Les employés débordés empêchent le travail d'avancer. Cela entraîne souvent l'inactivité des autres employés qui attendent après ce travail. La cause de ce problème peut être la manière dont le travail se déroule ou les habitudes personnelles de l'employé. Si vous croyez que l'organisation du travail n'est pas adéquate, essayez le test suivant. Demandez à un autre employé de remplir les fonctions de l'employé qui semble être la cause du problème. S'il y a encore des ralentissements (après la période de formation), réorganisez la manière d'exécuter le travail.

Les employés débordés présentent habituellement les caractéristiques suivantes :
- tendance à être déroutés par des problèmes mineurs;
- manque de formation;
- faible capacité à prendre des décisions;
- ignorance des exigences de la productivité;
- manque d'appartenance au groupe;
- manque d'assurance face au travail;
- peur inhabituelle de faire des erreurs;
- incompatibilité avec les collègues conduisant à un manque de coopération.

Si rien n'indique que l'employé agit ainsi délibérément, c'est peut-être parce qu'il ne sait pas ce que vous voulez. Le superviseur devrait alors parfaire la formation de son employé. Pendant la période de perfectionnement, le superviseur peut vérifier si son employé assimile bien tous les détails qu'impliquent son travail, il peut lui montrer comment accomplir les diverses tâches qu'il doit accomplir et il peut le guider tout en l'observant. L'emphase devrait être mise sur les techniques qui peuvent accélérer le travail.

Les employés devraient connaître le lien qui unit leur travail à celui des autres dans la compagnie. Ainsi, ils auraient une meilleure idée des conséquences de leur bon ou de leur mauvais rendement.

La majorité des employés débordés ne veulent pas vraiment être comme ils sont. La plupart souhaitent participer à un objectif commun. Le secret est de fournir un objectif commun au personnel. Les superviseurs devraient s'assurer de la collaboration des autres employés en disant :
«Marc, peux-tu montrer à Richard comment on pourrait accélérer le projet?»

«Richard, laisse Marc te montrer quelques techniques pour compléter rapidement le travail dont nous avons besoin.»

Pour éliminer le ralentissement de la productivité, il faut que l'employé qui a des problèmes veuille travailler plus vite. Quelques compliments bien placés peuvent améliorer la confiance des employés plus lents. Cela leur donne un sentiment de sécurité et cela réduit leur tension. L'employé débordé qui ne maîtrise plus la situation aura moins peur de faire des erreurs. Bref, un peu d'entraînement et une réduction de la tension peuvent lui permettre de travailler plus rapidement.

LES EMPLOYÉS ENCLINS AUX ERREURS

Il y a deux principaux types d'erreurs. Le premier type résulte de l'organisation du système. Les méthodes ou les techniques utilisées peuvent laisser passer un certains nombre d'erreurs. L'amélioration constante du système réduit le taux d'erreurs. Cependant, peu importe la qualité du système, le facteur humain doit aussi être pris en considération. Les conditions suivantes peuvent être en cause :

— une formation inadéquate;
— des instructions écrites trop brèves;
— un trop grand nombre de subordonnés pour un seul superviseur;
— un trop petit nombre de niveaux intermédiaires de supervision;
— un environnement de travail ennuyant;
— des employés ennuyés par leur travail;
— une absence d'analyse pour déterminer la cause des erreurs;
— un taux de roulement du personnel élevé.

Les compagnies d'assurance automobile reconnaissent que certains conducteurs sont plus sujets à avoir des accidents que l'ensemble des conducteurs. De même, certains employés sont plus enclins à faire des erreurs que d'autres.

Les erreurs volontaires devraient conduire à des mesures disciplinaires et, même, au renvoi de l'employé. Cependant, la plupart des erreurs ne sont pas volontaires. Elles sont causées par divers facteurs, dont les erreurs de jugement de la part de la direction ou un manque de formation des employés. Voici quelques suggestions pour réduire les erreurs :

1. Déterminez la nature des erreurs.
2. Révisez les méthodes de travail pour trouver plus facilement la source des erreurs.
3. Demandez à un employé plus âgé d'aider l'employé enclin aux erreurs.
4. Faites appel à la fierté professionnelle de l'employé.
5. Discutez avec l'employé de ses erreurs pour en identifier la cause.

La plupart des employés aiment avoir le sentiment de mériter leur salaire. Une partie de ce sentiment de fierté provient du fait qu'ils font peu ou pas d'erreurs. Par conséquent, ils apprécient l'aide qu'on leur offre gentiment pour améliorer leur fierté au travail. On peut le faire en demandant à un autre employé d'entraîner celui qui fait des erreurs.

Les employés plus âgés qui sont compétents peuvent aider à trouver la cause des erreurs d'un employé qui a des problèmes. Plutôt que de découvrir les erreurs une fois qu'elles sont faites et de les corriger, ils peuvent donner des conseils pour les éviter. L'employé qui a des problèmes a peut-être simplement besoin qu'on lui indique les points qui nécessitent plus d'attention. Par exemple : «Alain, tu devrais passer plus de temps à vérifier ce que tu fais» ou «Marie, pourrais-tu porter une plus grande attention à ces articles?»

Pour renforcer la fierté au travail, ne laissez pas les employés décrire leur travail comme «un simple concierge» ou «une simple réceptionniste». Soyez prêt à leur expliquer l'importance de leur travail pour la compagnie.

LES RÊVEURS

Nous rêvons tous mais certaines personnes le font excessivement, à tel point qu'elles font diminuer la productivité et qu'elles sont la cause d'erreurs et d'accidents. Certains emplois se prêtent mieux à la rêverie et ils doivent être contrôlés de plus près.

Blâmer l'employé parce ce qu'il rêve n'est pas toujours équitable. Son travail peut être tellement ennuyant qu'il lui est impossible de se concentrer sur ce qu'il fait. Les tâches robotisées encouragent les employés à rêver.

Le travail qui exige de la créativité de la part de l'employé devrait avoir un environnement propice à la créativité. Lorsque différents types de tâches sont effectués au même endroit, la rotation du travail est recommandée pour diminuer la monotonie. En ajoutant de la flexibilité dans la façon d'exécuter le travail, l'employé peut décider de sa manière de travailler. Cette flexibilité permet à l'employé de penser à la façon d'exécuter son travail, ce qui augmente sa vivacité et réduit la monotonie. L'utilisation de la rotation du travail fournit une sorte de formation (car plusieurs personnes peuvent effectuer les mêmes tâches). Cela permet une plus grande flexibilité au superviseur dans l'utilisation de son personnel et cela donne l'occasion à plus d'une personne de remplir le poste adéquatement.

Les emplois devraient être conçus pour maintenir l'attention des employés. Les tâches qui sont effectuées debout empêchent la rêverie. Un meilleur aménagement de l'espace peut également aider. Le décor du bureau a une certaine importance. Les bureaux ou les murs n'ont pas besoin d'être tous de la même couleur. Faites tous les efforts possibles pour éliminer la monotonie dans votre milieu de travail. Les mesures recommandées sont :

1. Évaluez l'environnement. Faites tous les changements qui sont possibles.

2. Révisez l'organisation du travail afin de réduire la monotonie.
3. Développez de nouvelles méthodes et une nouvelle manière de procéder pour effectuer le travail.
4. Lorsque cela est possible, laissez l'employé décider ce qu'il ou elle produira dans la journée.
5. Identifiez les employés qui ont besoin d'une surveillance constante pour être attentifs.

Peu importe les efforts que vous mettrez pour chasser la rêverie, certains employés continueront d'être dans la lune. Seule une supervision constante peut dissiper le problème et ramener l'employé les deux pieds sur terre. Dans ce cas, une discussion entre le superviseur et l'employé s'impose. Il peut même devenir nécessaire de remplacer l'employé.

LES TIRE-AU-FLANC

Les appels téléphoniques personnels

Rien n'est plus contrariant pour un superviseur que de voir un employé recevoir un nombre excessif d'appels personnels. Non seulement les lignes sont occupées, mais le travail ne se fait pas. Si les employés gaspillent le temps de la compagnie, ils gaspillent également l'argent de la compagnie qui est destiné à leur salaire. Les employés devraient réduire les appels personnels au minimum. Après tout, ils sont dans un milieu d'affaires et leur vie privée devrait attendre après le travail.

Les employés qui s'occupent de leur vie privée pendant les heures de travail sont souvent ignorés lors des promotions. La plupart ne savent même pas que leurs agissements les empêchent de progresser dans la compagnie.

Les stratégies pour réduire ce problème sont :

1. Dites à vos employés de limiter les appels personnels aux appels importants ou urgents, qui devraient être brefs. Demandez-leur d'informer leurs amis et leurs parents des politiques de la compagnie. Un maximum d'un ou de deux appels personnels par jour devrait être suffisant.

2. Exigez de la téléphoniste qui reçoit les appels de demander le nom de la personne et le nom de la compagnie qu'elle représente. Cette simple question peut suffire à réduire les appels personnels et leur durée. La téléphoniste peut prendre en note les appels personnels pendant quelques jours et les rapporter au superviseur de chaque service. On devrait rencontrer les employés fautifs pour renforcer les règlements.

3. Assurez-vous que les employés comprennent bien que leur comportement peut les empêcher d'avoir une promotion.

Les abus lors des pauses et des heures de dîner

Les études démontrent que les pauses pendant le travail augmentent la productivité. Parallèlement, les superviseurs doivent surveiller la tendance à ralentir le travail avant les pauses. Plusieurs employés auront tendance à allonger leur pause s'il n'y a pas de pression contraire. Après la pause, le travail devrait recommencer immédiatement. Si vous avez remarqué ce genre de problème, montrez-vous avant et après la pause café. Cela vous permet d'observer les abus et d'encourager une meilleure utilisation du temps de vos employés. Après la pause, vous pourriez donner du travail ou vérifier les progrès de vos employés.

Seul un effort soutenu de la part du personnel de supervision permettra de distinguer ceux qui abusent occasionnellement des pauses de ceux qui en abusent régulièrement. Malgré les efforts des superviseurs, certains employés continueront à abuser de leur pause. Une sanction disciplinaire est alors justifiée (un avertissement écrit versé au dossier, une suspension d'une journée, etc.)

L'absentéisme

Plusieurs employés vont travailler avec un rhume et de la fièvre. Ils refusent de profiter de la politique de congé de maladie de la compagnie. Plusieurs ne veulent pas prendre leur congé de maladie pour des malaises mineurs, car ils pourraient en avoir besoin éventuellement s'ils sont vraiment malades. D'autres pensent que personne ne peut faire leur travail aussi bien qu'eux. Ils se sentent responsables de leur rendement. Pour eux, c'est une question d'éthique. Les superviseurs devraient reconnaître les sacrifices que font ces travailleurs. Lorsque ce genre d'employé reste à la maison parce qu'il est malade, il est habituellement trop malade pour faire quoi que ce soit. De tels employés représentent un atout pour une compagnie. Malheureusement, la plupart des compagnies ont aussi des employés qui abusent des congés de maladie. En fait, pour une journée normale de travail, entre 4 et 6 p. cent des employés sont absents.

L'absentéisme perturbe l'organisation du travail et cause des retards et des problèmes de production. La qualité du travail en souffre parce que les employés qui remplacent les personnes absentes ne sont pas aussi bien formés, ou parce qu'il faut faire des heures supplémentaires pour effectuer le travail additionnel.

Parce que les coûts de ce genre d'abus sont très élevés, les superviseurs doivent prendre des mesures pour décourager l'absentéisme injustifié. Ces mesures sont :
— faire respecter les règlements. Sinon, ces employés continueront d'abuser et les autres seront peut-être tentés de faire de même;
— déterminer s'il y a des modèles d'absentéisme. La liste des cinq principaux types d'absentéisme injustifié est fournie ci-dessous avec les stratégies pour y remédier. (NOTE : Certaines solutions ne sont peut-être pas compatibles avec l'entente du syndicat de la compagnie. Informez-vous avant d'agir.)

(i) L'absentéisme chronique

Les absentéistes chroniques sont souvent des penseurs négatifs. La frustration et la pression quotidiennes les dépassent souvent. Leurs absences régulières et injustifiées suivent habituellement le même modèle. Ce genre d'employé appelle et dit : «Je suis désolé, patron, mais je ne peux pas rentrer aujourd'hui.» Vous pouvez être tenté de répondre : «Je suis navré que tu sois malade. Reste à la maison jusqu'à ce que tu ailles mieux.» Il est cependant préférable de ne rien dire. Ces employés resteront à la maison de toute façon jusqu'à ce qu'ils aillent mieux, qu'ils aient ou non votre permission. Ils considèrent les congés de maladies comme un droit.

Combien de fois par année un employé doit-il s'absenter pour être considéré comme un absentéiste chronique? Une compagnie identifie les employés qui ont des problèmes lorsqu'ils ont huit absences d'un jour ou plus par mois.

Le superviseur devrait appeler l'employé qu'il soupçonne d'abuser de ses congés de maladie à la fin de chaque journée et lui dire : «Comment ça va? Je t'appelle pour savoir si tu penses rentrer demain.»

Cette tactique offre un double avantage. D'abord, vous vérifiez si l'employé est vraiment à la maison. Il ou elle pourrait bien sûr être chez le médecin, mais pas à chaque fois que vous appelez. Ensuite, vous découragerez l'employé de prendre un congé de maladie pour un petit malaise ou pour s'occuper d'affaires personnelles.

Lorsque l'employé revient au travail, l'employeur devrait :

— dire : «Tu nous as vraiment manqué hier. Nous avons vraiment besoin de toi ici.»
— décrire les problèmes causés au service par l'absence de l'employé.
— encourager l'employé à être là plus souvent.

— expliquer les conséquences d'une telle situation si elle se produit trop souvent.

L'absentéisme honnête, même s'il est excessif, ne justifie pas une sanction disciplinaire. D'un autre côté, l'incapacité de l'employé à se présenter au travail régulièrement, pour quelque raison que ce soit, peut être un motif de congédiement. Dans un tel cas :

1. L'employeur doit être en mesure de fournir des preuves écrites des absences de l'employé. Ces absences doivent dépasser largement ce qu'une personne raisonnable considérerait comme acceptable. L'employé est absent beaucoup plus souvent que les autres.

2. L'employeur doit être en mesure de prouver que l'employé s'est absenté de façon excessive et continuelle et qu'il a continué malgré les tentatives écrites de l'employeur pour corriger la situation. L'employeur doit enregistrer les efforts qu'il a faits pour conseiller l'employé et pour déterminer les raisons de ses absences. Le superviseur doit être en mesure de démontrer qu'il s'est montré compréhensif et qu'il a pris en considération les circonstances atténuantes.

3. L'employeur doit être en mesure de présenter des raisons convaincantes pour expliquer pourquoi il croit que la situation a peu ou pas de chances de s'améliorer.

L'employé qui falsifie une note du médecin devrait recevoir un avis écrit qui est versé à son dossier, ou il pourrait même être congédié. Le degré de discipline dépend des circonstances.

Si un employé ne se présente pas au travail trois jours de suite sans avertir, on peut conclure qu'il ou elle a abandonné son travail. Cela pourrait occasionner un congédiement.

Lorsque l'absentéisme excessif d'un employé est causé par un problème d'alcoolisme, l'employeur peut renvoyer l'employé. L'employeur doit être en mesure de prouver que les relations de travail ne peuvent pas continuer. La compagnie doit pouvoir justifier sa décision et démontrer qu'elle a traité le problème d'alcoolisme comme une maladie. Elle doit aussi être en mesure de prouver qu'elle a fait un effort honnête pour aider l'employé à guérir sa maladie.

(ii) L'absentéisme pour le plaisir

Ces absentéistes décident habituellement de prendre du bon temps (jouer au golf, par exemple) plutôt que de faire ce qu'ils considèrent comme un travail ennuyant et répétitif qui n'utilise pas tout leur potentiel. Ils ressentent le besoin d'échapper à la monotonie de leur milieu de travail. Cette attitude peut enfermer ces personnes dans un cercle vicieux, car elles sont rarement considérées pour une promotion dont elles ont besoin et qu'elles croient mériter. Pour les aider à perdre ce besoin de fuir, le superviseur devrait:

1. les confronter au sujet de leurs absences.

2. leur demander des explications.

3. les encourager à utiliser leurs congés de maladie adéquatement. Leur expliquer que les congés de maladie sont un privilège et non un droit et qu'ils devraient être utilisés pour des maladies réelles et non pour des raisons personnelles ou pour la maladie de leur conjoint ou de leur enfant.

4. s'assurer qu'ils soient conscients que leurs absences peuvent les empêcher d'avoir une promotion.

5. souligner les avantages (par exemple, une promotion) que peut entraîner une présence continue. Cela vaut mieux que mettre l'accent sur la punition (avertissement écrit au dossier) pour amener un changement de comportement.

(iii) L'absentéisme naïf

Plusieurs employés croient que la direction s'attend aux absences injustifiées et qu'elle ferme les yeux. Ces employés croient également que s'ils ont des congés de maladie, c'est pour les prendre quand bon leur semble. Le moral des employés faiblit lorsque d'autres employés se déclarent malades et qu'ils sont payés pour leur journée alors qu'ils ne sont pas malades du tout. Bien qu'il soit difficile de déterminer avec certitude qui est vraiment malade et qui ne l'est pas, les superviseurs doivent s'assurer que leurs employés n'abusent pas des congés de maladie. Pour traiter ce problème, les superviseurs devraient :

1. Confronter les employés au sujet de leurs absences.

2. Expliquer la nature des congés de maladie (un privilège, et non un droit). Leur dire que leur travail est important et que la compagnie souffre de leur absence.

3. Encourager les employés à utiliser les congés de maladie adéquatement, pour des vraies maladies.

4. Demander à l'employé d'identifier les effets de leur absence sur les autres employés.

(iv) L'absentéisme abusif

Certains employés s'absentent pour n'importe quel petit malaise. Ils montrent peu de sens des responsabilités. Peu leur importe que leur absence impose une charge de travail énorme aux autres employés ou que la compagnie en souffre économiquement. Ces employés sont généralement malheureux, ils se sentent victimes et ils ont beaucoup de conflits avec leur superviseur. Ils cherchent les disputes et ils croient toujours avoir raison alors que les autres ont tort. Si vous avez à traiter avec ce genre d'employés :

1. Soyez clair sur les sanctions que vous prendrez si l'abus se poursuit. «Ton emploi est en jeu à moins que tu ne respectes les règlements de la compagnie.» Dites-leur

que vous devrez les remplacer si leur attitude ne s'améliore pas, qu'ils doivent fournir un rapport du médecin pour leurs absences, etc. Tenez-vous-en aux faits et soyez ferme et précis au sujet des conséquences.

2. Complimentez-les sur leur travail lorsqu'ils respectent les règlements.

(v) L'absentéisme légitime

Une maladie réelle, un deuil, une assignation comme juré et une affaire personnelle, comme un rendez-vous chez le dentiste ou le médecin, sont toutes des raisons légitimes pour s'absenter. Cependant, les employeurs ne devraient pas payer de congés de maladie pour ceux qui s'absentent à cause de la maladie de leur enfant. (On devrait donner un congé sans solde, à moins que la politique de la compagnie soit différente).

Les politiques d'absentéisme

Lorsqu'une industrie dépend du rendement des individus, toute absence perturbe le service à la clientèle. Afin de réduire l'absentéisme, plusieurs compagnies ont implanté des procédures plus strictes. Elles peuvent :
— demander un certificat du médecin pour une absence de plus de trois jours;
— demander un certificat du médecin pour toute absence due à une maladie ou suivant un congé férié;
— demander un examen médical complet, effectué par le médecin de la compagnie, si l'employé est absent pendant plus de dix jours au cours d'une année.

LES EMPLOYÉS DÉSORDONNÉS

Plusieurs personnes considèrent l'ordre comme superficiel. Elles disent : «Je sais me retrouver dans mon désordre!» Mais quand elles s'absentent, leur désordre est une source de problèmes. Les personnes qui les remplacent sont

incapables de s'y retrouver. En fait, les gens désordonnés ne savent pas toujours se retrouver dans leur désordre, et un bureau excessivement en désordre peut être un signe d'inefficacité. Un désordre excessif peut avoir pour résultat :
- des dossiers manquants;
- des outils ou de l'équipement perdus ou égarés;
- des coûts de matériel de bureau élevés;
- du désordre dans les pièces et l'inventaire;
- la contamination du produit;
- des coûts de perte et de réparation élevés;
- des produits finis mal rangés dans l'inventaire;
- un temps d'arrêt des équipements élevé;
- un dossier de sécurité faible;
- le faible moral des employés et un manque de résistance face aux heures supplémentaires;
- des problèmes de discipline et un taux de roulement élevé.

Motivez vos employés à conserver leur lieu de travail bien ordonné en donnant l'exemple. Vous aurez plus de facilité à encourager les bonnes habitudes si votre bureau est propre et rangé. Encouragez vos employés à faire le ménage à la fin de chaque journée de travail. Si le bureau de certains employés est en désordre et qu'ils s'apprêtent à sortir, arrêtez-les. Vous pouvez leur fournir une liste écrite des tâches ménagères à exécuter.

LES EMPLOYÉS MALHONNÊTES

Autrefois, le vol des inventaires affectait seulement les compagnies qui avaient une marchandise attirante. Cependant, de plus en plus, tous les types d'inventaires sont sujets aux vols. On vole non seulement des produits finis, mais aussi des pièces et des matières brutes.

Les employés qui apportent quelques crayons de couleur à la maison pour leurs enfants ne coûtent pas très cher à la compagnie, mais ils donnent le mauvais exemple. Certains employés vont beaucoup plus loin que quelques crayons. Le vol est souvent une manière de se venger de la direction. Certaines personnes volent bien plus que ce qu'elles peuvent utiliser. Habituellement, les employés qui volent sont insatisfaits pour toutes sortes de raisons. Non seulement ils ont peu de respect pour la propriété de la compagnie, mais ils ont peu d'estime pour la compagnie qui les emploie.

Il n'est pas justifié, économiquement, de tout mettre sous verrou, pas plus qu'il est possible d'attraper tous les fautifs. Cependant, si la direction supprime certaines tentations, il y aura moins de perte. Avoir une ou deux personnes responsables du matériel de bureau peut diminuer le pillage. Faire signer les employés pour les articles et l'équipement qu'ils utilisent est une autre solution.

SUPERVISER D'ANCIENS COLLÈGUES

Comment devriez-vous vous comporter la première journée où vous êtes responsable de superviser vos anciens collègues? Vous avez plus de chances d'échouer si vous ne commencez pas de la bonne façon. Il faut éliminer tout sentiment de jalousie et d'envie que vos nouveaux subordonnés peuvent éprouver.

Habituellement, votre directeur tiendra une réunion pour vous présenter, puis il s'en ira et il vous laissera responsable de la réunion.

Si vous percevez de la rancoeur, commencez par négocier avec les sentiments de vos anciens collègues. Débutez en disant : «Je sais que quelques-uns d'entre vous ont postulé ce poste et qu'ils voulaient cette promotion. Je comprends que vous soyez un peu contrariés du fait que je l'aie obtenue. La compagnie m'a choisi et ce que nous ferons à partir de maintenant dépend de la façon dont nous allons travailler ensemble. J'ai besoin de votre soutien pour bien faire mon travail. En retour, je ferai mon possible pour être un bon superviseur. Est-ce que je peux compter sur votre appui?»

Demandez à chacune des personnes présentes de vous dire si vous pouvez compter sur elle : «Margot, qu'en penses-tu? Puis-je compter sur toi? Et toi, David?» Demandez à tous les employés présents. Si votre personnel s'engage verbalement envers vous, il y a plus de chances qu'il coopère par la suite.

Si vous remarquez une résistance, ne la laissez pas passer. Lors d'un entretien privé, dites : «Margot, j'ai noté un peu d'hésitation dans ta réponse. Qu'est-ce que je peux faire pour faciliter les choses?»

Si elle résiste encore, vous devrez garder l'oeil ouvert. Elle pourrait essayer de saboter vos efforts. Si elle le fait, vous devrez prendre les choses en main et prendre des mesures disciplinaires immédiatement. N'ayez pas peur de le faire. Attaquez-vous à la racine du problème; ne le laissez pas croître et contaminer les autres.

LES CONFLITS DE PERSONNALITÉS

Lorsque deux de vos employés ont un conflit de personnalités, quand et comment devez-vous intervenir?

Si deux employés ne s'entendent pas, la personne qui en souffre le plus est le superviseur. Vous pouvez constater que Robert et Georges sont de bons employés, mais qu'ils se harcèlent constamment et ne veulent pas coopérer. Si leur conflit est relié au travail et affecte leur productivité ou celle des autres, le superviseur doit aider ces employés à résoudre leur différend. Cependant, la cause de ce genre de conflit est souvent reliée à la nature même des deux personnalités en question. Le mieux qu'un superviseur puisse espérer est d'arriver à ce que les deux employés travaillent ensemble raisonnablement malgré leurs personnalités différentes.

Une méthode recommandée est d'organiser une rencontre privée avec les deux parties. Laissez les deux personnes exprimer leur point de vue sur le problème et décompresser. Puis agissez en médiateur impartial dont l'unique intérêt est la productivité. *Vous devez leur faire savoir que vous ne tolérerez plus leur conflit.*

Encouragez les employés à discuter des façons de résoudre le problème et à s'entendre sur un plan d'action. Surveillez la situation de près et ayez une autre rencontre privée au besoin. Assurez-vous que les deux employés sont informés des conséquences si leur comportement négatif persiste.

NÉGOCIER AVEC LES PERSONNES ÉMOTIVES

Si nous faisons de la peine à quelqu'un et que la personne réagit de façon émotive, nous avons l'habitude de la réconforter, et ce, avec raison. Au travail, vous devez garder vos distances avec le personnel qui devient émotif. Par exemple, vous avez peut-être la tâche déplaisante de reprendre, de renvoyer ou de mettre à pied un employé. La personne peut être en larmes et très embarrassée. Comment rendre la situation plus facile pour les deux parties?

Une de mes tâches, lorsque je travaillais dans un service des ressources humaines, était de congédier ou de renvoyer le personnel. Comme je suis de nature tendre, il m'arrivait d'être émotive avec la personne qui se faisait renvoyer ou que je devais reprendre. J'ai découvert par accident une façon pour aider les deux parties à retrouver leur équilibre.

Cela s'est produit lorsque je tendais la boîte de mouchoirs et que je disais : «J'ai quelque chose à faire. Je reviens dans quelques minutes.» Puis je suis sortie de la pièce pour prendre de grandes respirations. Lorsque j'ai repris le contrôle de mes émotions, je suis retournée dans mon bureau.

Comme j'avais donné la chance à la personne de se calmer, elle avait repris son sang-froid et elle avait retrouvé une partie de son amour-propre. Nous avons pu continuer la conversation et nous avons pu régler tous les problèmes.

Gardez cette tactique pour les situations qui le nécessitent. Plusieurs personnes utilisent les larmes pour attirer votre sympathie et essayer de vous manipuler. Lorsque je suis en présence d'une telle personne, je tends la boîte de mouchoirs et je continue la conversation.

NÉGOCIER AVEC LES INSULTES RACIALES ET ETHNIQUES

Si elles sont conformes à la loi, la plupart des compagnies ont un personnel composé de personnes issues de différentes cultures. Les compagnies qui ignorent ou qui tolèrent une atteinte à l'intégrité raciale ou ethnique d'un employé, d'un superviseur ou d'un client font preuve de mauvaise gestion. Un langage désobligeant est une mauvaise marque de commerce pour une compagnie et cela cause des problèmes entre les employés.

Les plaisanteries aux dépens de quelqu'un ne sont pas drôles. Les dirigeants ne devraient jamais plaisanter sur la culture ou l'apparence de quelqu'un ou fermer les yeux sur de tels comportements de la part de leurs employés. Il est difficile de juger de l'effet d'une telle plaisanterie sur une personne. Les insinuations raciales ou ethniques naissent des préjugés. Les préjugés sont basés sur des stéréotypes et des généralisations sur un groupe et ils sont la preuve d'un manque de respect pour les individus.

Les dirigeants devraient montrer clairement leurs opinions envers les préjugés en exprimant ouvertement leur désapprobation envers les insinuations raciales ou ethniques. Le superviseur peut être obligé de rencontrer l'offenseur en privé. La personne peut insister sur le fait que ses commentaires étaient inoffensifs. Le superviseur devrait répondre : «Charles, ils se voulaient peut-être inoffensifs, mais ils ont un effet blessant. Alors, garde-les pour toi.»

Si le problème ne disparaît pas, le superviseur devrait dire : «Charles, les évaluations de rendement montrent comment une personne s'entend avec les autres employés et les clients. Je ne voudrais pas devoir commenter ton attitude envers les autres. Cependant, si tu continues à faire des remarques désobligeantes, je devrai mettre un avis écrit dans ton dossier. Est-ce clair?»

LES AUTRES PROBLÈMES DE SUPERVISION

«Mes employés qui travaillent avec le public m'envoient toujours les clients difficiles au lieu de négocier eux-mêmes avec ces personnes.»

Aidez-les à acquérir les compétences nécessaires pour négocier avec les gens difficiles. (Vous pouvez leur donner une copie de ce livre). Expliquez-leur comment vous voulez qu'ils négocient avec les comportements abusifs, vulgaires ou menaçants. Vous pouvez leur dire de raccrocher ou de vous transférer les appels.

Les clients furieux passent souvent leur colère sur le personnel de soutien et sont très polis avec les superviseurs ou les directeurs. Ne présumez pas que votre personnel exagère à propos du comportement déplaisant d'un client. Clarifiez ce que vous considérez comme un comportement acceptable ou inacceptable. Soutenez votre personnel lorsqu'il est maltraité. Expliquez au client : «Nous ne tolérons pas le harcèlement envers notre personnel. Je vous suggère de vous excuser auprès de Margot pour la manière dont vous lui avez parlé.»

«La direction prétend que nous pouvons passer outre aux règlements pour les clients spéciaux. Mes employés s'y objectent.»

Je ne peux pas les blâmer. Rien n'est plus désagréable que de dire non à un client qui va ensuite voir quelqu'un de plus haut placé qui acquiesce à sa demande. Soutenez votre personnel lorsque vous parlez à la direction. Demandez des règlements stricts et expliquez les difficultés que vous rencontrez. Donnez des exemples concrets et expliquez que cela provoque de la rancoeur, une certaine démotivation, etc. Plus vous êtes préparé à affronter la direction, moins il y a de chances qu'elle vous contredise. Si la direction n'acquiesce pas à votre demande, expliquez-le à vos employés.

«Comment puis-je aider mes employés à être plus à l'aise lorsqu'ils doivent faire respecter des règlements peu populaires?»

Enseignez-leur la technique de l'enregistreuse bloquée. Demandez-leur d'utiliser cette technique sans élever la voix ou sans montrer leur contrariété. Aidez-les à développer des réponses utiles, comme : «Je suis désolé. J'aimerais faire une exception, mais je ne peux pas ignorer les règlements pour qui que ce soit.» Conseillez-leur de répéter la même phrase aussi souvent que nécessaire. Soyez prêt à les appuyer si quelqu'un veut passer par-dessus eux.

«Comment puis-je faire face aux coupures de personnel qui obligent quatre personnes à faire le travail de cinq?»

Cela est nécessaire lorsque la conjoncture économique oblige une compagnie à se serrer la ceinture. Si vous n'avez jamais suivi de cours de gestion du temps, c'est le bon moment. Vous y apprendrez à établir les priorités et à vous concentrer sur les tâches les plus importantes. Ainsi, vous donnerez le bon exemple à vos employés. Si vous aidez vos employés à utiliser les techniques de gestion du temps, vous verrez que quatre personnes peuvent faire le travail de cinq, et ce, efficacement.

Apprenez à arrondir les coins et essayez de nouvelles méthodes de travail. Tenez des réunions avec vos employés pour trouver de nouvelles façons plus rapides et plus faciles d'accomplir le travail. Écoutez bien leurs suggestions. Comme ce sont eux qui font le travail, ils peuvent avoir de meilleures suggestions pour sauver du temps.

«Mes employés interprètent toujours mes directives incorrectement.»

Utilisez la technique de la paraphrase pour vérifier s'ils ont bien compris. Cette technique est particulièrement efficace lorsque vous donnez des directives ou que vous entraînez quelqu'un. Cela confirmera qu'ils ont compris ce que vous avez dit. En utilisant la paraphrase, faites attention de ne pas donner l'impression que vous pensez qu'ils sont trop stupides pour comprendre vos instructions. C'est votre devoir de vous assurer que vos directives sont claires, et non le leur d'interpréter un message confus.

«Mes employés voudraient que je perde mon précieux temps à répondre à leurs questions sans importance.»

Plusieurs superviseurs se fâchent lorsqu'ils sont interrompus, mais certains encouragent sans le vouloir la dépendance de leurs subordonnés. Lorsqu'un employé va les voir avec un problème, certains superviseurs lui donnent immédiatement une solution. Ils devraient plutôt lui demander : «Que penses-tu que nous devrions faire?» Il est surprenant de constater que l'employé sait souvent ce qu'il doit faire. Cette stratégie encourage l'autonomie des employés. Lorsqu'ils réalisent qu'ils savent la réponse et que vous les appuyez, ils auront plus confiance dans leur propre jugement.

Si le subordonné ne sait vraiment pas la réponse, n'hésitez pas à l'aider. C'est votre travail.

«Je déteste reprendre mes employés!»

Il est possible que vous n'ayez pas reçu la formation adéquate pour votre poste. Vous devriez acquérir cette formation afin d'être plus à l'aise lorsque vous devez faire la discipline. Souvenez-vous que tout ce que vos employés font se reflète sur votre image. Si vous les laissez faire un travail bâclé, vous serez vous-même réprimandé. Le but de la discipline est de corriger une faible productivité ou des problèmes de comportement, non de provoquer un sentiment de vengeance chez les employés. La discipline, bien utilisée, transfère la culpabilité des épaules du superviseur sur celles de la personne en cause. Le superviseur explique à l'employé les conséquences de la poursuite d'un mauvais comportement. Je le répète : allez chercher une formation de superviseur, surtout si vous avez à reprendre vos employés.

«Je ne suis pas encore prêt à prendre ma retraite. Comment puis-je négocier avec les personnes qui veulent mon poste et me poussent dans le dos?»

C'est plutôt compliqué. Vous ne voulez pas monter à un échelon plus élevé, mais vous ne devriez pas essayer d'arrêter les personnes jeunes et ambitieuses. Suggérez-leur d'essayer un autre service et de contourner votre poste. Faites tout ce que vous pouvez pour les préparer en prévision de votre départ. S'il doit se produire dans les deux prochaines années, ne vous en faites pas avec ces personnes. Ne les empêchez pas de se préparer à vous remplacer, car vous les rendrez malheureuses et vindicatives.

Si vous leur montrez que vous n'êtes pas seulement intéressé à votre propre bien-être, mais aussi au leur, ils seront probablement plus patients. Ils seront plus à l'aise s'ils savent que leur attente prendra fin. Exposez-leur clairement quels sont vos plans. Dites-leur que vous prendrez votre retraite dans deux ans. Si vous devez la prendre dans plus de deux ans, vous passerez probablement le reste de votre temps au travail à vous ennuyer. Si c'est le cas, commencez à viser un poste plus élevé.

«Mes employés s'attendent à ce que j'utilise toutes leurs bonnes idées.»

Jugez toutes les nouvelles idées selon leur mérite respectif. Expliquez vos conclusions si vous pensez que l'idée soumises ne peut pas marcher. Si l'idée a une certaine valeur, expliquez pourquoi vous ne pouvez l'utiliser en ce moment. Continuez à encourager votre personnel à proposer de nouvelles idées. Après tout, ce sont eux qui effectuent le travail. Si vous bloquez leurs idées, vous leur enlèverez leur motivation, ce qui est contraire à ce que vous voulez.

«J'ai une employée qui s'obstine et veut faire les choses à sa façon.»

Lorsque vous avez la liberté de le faire, permettez à vos employés d'exécuter leur travail à leur façon. S'il ne peut y avoir aucune flexibilité dans la manière d'exécuter un travail, donnez des directives claires. Expliquez que vos directives donneront les résultats que vous recherchez. Si votre employée continue à s'obstiner, demandez-lui : «Refuses-tu d'exécuter cette tâche de la façon dont je te le demande?» Si elle dit oui, vous pourriez l'accuser d'insubordination à juste titre. Essayez d'abord une autre méthode; mais n'oubliez pas que votre seul recours peut être d'ajouter un avertissement écrit à son dossier.

«J'ai un employé qui est très bon avec les gens mais qui est très désorganisé. Lorsqu'il est laissé à lui-même, il parle au téléphone pendant des heures.»

Utilisez cette personne pour faire des exposés oraux et pour négocier directement avec les clients. Donnez-lui des détails précis sur ce que vous attendez d'elle. Assurez-vous que sa description de tâches est à jour et donne des normes de rendement et des échéances pour accomplir les tâches. Expliquez-lui qu'il ne devrait pas faire d'appels personnels. Utilisez la discipline et expliquez-lui les conséquences qu'il devra subir si les appels personnels continuent.

«Ma secrétaire est perfectionniste dans tout ce qu'elle fait, même lorsque cela lui fait perdre du temps. Elle semble absorbée par son travail et elle n'est pas consciente de ce qui se passe autour d'elle. À cause de cela, elle ne peut pas comprendre que sa manière d'agir dérange les autres employés de notre service.»

Donnez-lui des échéances à rencontrer et expliquez-lui ce que vous voulez d'elle. Faites-lui suivre un cours de gestion du temps. Si vous avez besoin d'un brouillon, expliquez-lui que les erreurs n'ont aucune importance, etc. Renseignez-la sur son poste par rapport aux autres dans votre service. Vous pouvez le faire en lui montrant un diagramme organisationnel de votre service. Expliquez-lui que lorsqu'elle est en retard dans son travail, cela affecte les autres directement. «Margaret, lorsque ton rapport de fin de mois est en retard, cela retarde le rapport de fin de mois de tout le service.»

«Devrais-je fréquenter mes employés?»

Si vous travailliez avec vos subordonnés avant, cela peut être difficile. N'oubliez pas que vous faites maintenant partie d'un nouveau groupe et que vous devriez fréquenter d'autres superviseurs et non vos subordonnés. Je ne dis pas que vous ne devriez pas prendre un café avec vos employés, mais ne fréquentez pas un ou deux employés seulement. Si vous jouez au tennis avec un de vos employés, les autres s'attendront à ce que vous lui fassiez des faveurs. Si vous décidez de fréquenter un de vos subordonnés, ne discutez jamais des affaires du bureau. Cela est injuste pour les autres membres de votre personnel.

CHAPITRE HUIT

NÉGOCIER AVEC LES PARENTS, LES AMIS ET LES AUTRES PERSONNES DIFFICILES

LES BATAILLES INTERNES DESTRUCTIVES

Certaines familles ont du mal à s'entendre. Le partage et l'affection en prennent un coup lorsque les membres d'une famille cessent d'utiliser la simple courtoisie et les bonnes manières entre eux. Traitez-vous les membres de votre famille avec la même courtoisie que vos collègues, vos amis ou même les étrangers?

Pourquoi agissons-nous ainsi avec les personnes les plus importantes dans notre vie? Nous nous laissons aller à cause de nos mauvaises habitudes, de notre familiarité et, souvent, à cause de notre attitude indifférente. L'idée qui est sous-entendue par ce comportement est : «Ils m'aimeront, peu importe ce que je fais.» À moins que les membres de la famille identifient et comprennent cette habitude néfaste, elle perdurera. La famille se dispersera le plus souvent lorsque ses membres ont le plus besoin d'intimité et du soutien des autres.

Nous permettons aux personnes qui nous sont chères de nous blesser. Un collègue peut nous trahir, un parent peut se mettre en colère contre nous ou un être cher peut nous quitter. Il n'est pas facile de pardonner. Nous pouvons avoir la sensation de nous abaisser en pardonnant aux autres trop facilement. Nous attendons qu'ils essaient de guérir notre blessure et nous croyons qu'ils doivent payer pour leurs fautes. Cela peut assombrir tout le reste de notre existence. Dans bien des cas, pardonner est la seule chose qui guérira notre blessure et qui permettra une relation renouvelée.

Vous pouvez dire : «C'est facile à dire. Ta femme ne t'a pas laissé pour quelqu'un de plus jeune!»

Une fois que vous avez pardonné aux autres, vous pouvez passer à autre chose.

LES ADOLESCENTS

Je suis bien contente de ne pas être une adolescente aujourd'hui. En plus de tous les problèmes qu'ils rencontrent, deux facteurs rendent la vie encore plus difficile aux adolescentes et aux adolescents d'aujourd'hui.

Si vous demandez à un élève du secondaire ce qu'il pense faire dans cinq ans, vous serez peut-être surpris de sa réponse. Même des enfants plus jeunes peuvent répondre de la même façon. Une professeure qui voulait connaître les projets de carrière de ses élèves leur demanda : «Que pensez-vous faire dans cinq ans?»

Les réponses de ses élèves la surprirent. Les deux tiers de la classe ont répondu qu'ils ne pensaient pas être vivants dans cinq ans et qu'ils s'attendaient à mourir dans une explosion nucléaire. C'est tout un héritage que nous avons laissé à nos enfants.

Comme je donne des conférences sur la pensée positive, cette professeure me demanda de parler devant sa classe. Je me suis adressée à ses élèves de la façon suivante : «Après la Première Guerre mondiale, les gens avaient peur de mourir d'une guerre chimique. Ils craignaient qu'un avion survole le lieu où ils habitaient et jette du poison sur eux. Cela aurait pu être un gaz qui aurait pollué l'air ou des produits chimiques qui auraient contaminé la nourriture ou l'eau. Ces craintes étaient celles de vos grands-parents après la Première Guerre mondiale.

Lorsque vos parents étaient jeunes, ils avaient peur de mourir dans une attaque atomique. C'était après la Deuxième Guerre mondiale.

Vous avez peur d'une guerre nucléaire. (Cela ressemble à une guerre atomique, mais c'est plus sérieux et plus destructeur). N'oubliez pas que ce n'est pas plus effrayant que les armes chimiques pour vos grands-parents et la bombe atomique pour vos parents. Ils ont survécu. Ils ont vécu au jour le jour en croyant au lendemain. Plusieurs sont encore vivants et VIVENT — ils ne se contentent pas seulement d'exister.

C'est ce que vous devez faire : croire en demain et vivre votre vie en conséquence. Autrement, tout ce que vous ferez sera de PASSER LE TEMPS ou D'EXISTER plutôt que de VIVRE votre vie. C'est votre choix. Faites le bon.»

La professeure mentionna un autre problème que ses élèves rencontraient : la situation économique difficile et le manque d'emplois disponibles. Ses élèves voyaient des diplômés universitaires sans emploi et ils se demandaient à quoi servaient les études. Ils pensaient que leurs efforts ne les mèneraient à rien puisqu'il n'y avait pas d'emploi pour eux.

Au moment de ma rencontre avec cette classe, le taux de chômage dans la région était de 12 p. cent et il continuait d'augmenter. Il y avait effectivement beaucoup de gens sans emploi. Je leur ai dit :

«C'est vrai que le taux de chômage est de 12 p. cent. Mais quel est le taux d'emploi? Le taux d'emploi est de 88 p. cent, c'est-à-dire que la grande majorité de la population travaille. Si vous décidez de vous laisser aller maintenant, vous êtes presque assuré de vous retrouver dans les 12 p. cent de chômeurs. Si vous travaillez fort, vous avez de bonnes chances de faire partie des 88 p. cent qui ont trouvé du travail. L'homme travaille en moyenne 45 ans de sa vie adulte avant de prendre sa retraite. Plusieurs croient qu'il existe une différence importante entre les hommes et les femmes. En fait, les femmes travaillent à l'extérieur de la maison, à temps partiel ou à temps plein, pendant 35 ans avant de prendre leur retraite. Aujourd'hui, les femmes demeurent à la maison pendant 10 ans de leur vie adulte. Que vous soyez un homme ou une femme, vous avez de bonnes raisons de chercher un travail qui vous convient. Ce que vous devez faire maintenant est de choisir une carrière qui vous convient. Plusieurs sondages démontrent que de 80 à 90 p. cent des travailleurs sont dans le mauvais emploi. Une fois que vous avez choisi ce que vous voulez faire, vous devez concentrer vos efforts pour étudier, pour apprendre et pour atteindre vos objectifs de carrière. Souvenez-vous également que vous occuperez probablement de 5 à 10 emplois différents au cours de votre vie.»

LES ADOLESCENTS À PROBLÈMES

Plusieurs adolescents causent des problèmes à leurs parents. Comme ils ne se comprennent pas eux-mêmes, ils ont de la difficulté à comprendre leurs parents. Ils semblent contrarier leurs parents délibérément, par exemple, en laissant traîner leurs affaires lorsqu'ils reviennent de l'école.

Une mère a essayé sans succès de faire en sorte que son fils de 13 ans ramasse ses affaires en arrivant de l'école. Elle pouvait toujours le retrouver en suivant la trace de ses vêtements, de ses livres, de ses souliers et des emballages de nourriture. Il répliquait en disant qu'elle le harcelait. Comme elle travaillait toute la journée, elle perdait beaucoup de son précieux temps à ramasser derrière lui. Lorsqu'elle apprit la technique de la rétroaction, elle changea son approche... «Martin, j'ai travaillé très fort toute la journée et je suis très ennuyée par ton comportement. Pour être plus précise, je suis fatiguée d'avoir à te harceler tous les jours pour que tu ramasses tes affaires. Je te l'ai demandé lundi, mardi et aujourd'hui, c'est mercredi. Peux-tu me dire pourquoi tu continues à agir ainsi tout en sachant que cela me dérange?»

Martin bafouilla, puis il lui dit : «Laisse-moi tranquille!»

Sa mère répliqua : «Ça ne peut plus continuer comme ça. Nous vivons tous dans cette maison et nous avons certaines responsabilités. À partir de maintenant, une de tes responsabilités est de ramasser tes affaires. Sinon, tu seras privé de certains privilèges.»

«Quels privilèges?»

«Je vais te reconduire aux parties de hockey deux fois par semaine. Et bien, je n'irai plus!»

«O.K. J'ai compris. Si je ramasse mes affaires, tu viendras me reconduire aux pratiques de hockey?»

«C'est ça. Je savais que je pouvais compter sur toi.»

Martin commença à faire plus attention et sa mère n'avait plus à le harceler. Elle avait compris qu'elle ne lui donnait pas de responsabilités appropriées à son âge et qu'elle le traitait encore comme un jeune enfant. Elle s'aperçut aussi qu'elle avait peu ou pas de temps pour elle-même et elle décida qu'il était temps de tenir une réunion de famille.

LA RÉUNION DE FAMILLE

Préparation de la réunion :

1. Elle écrivit toutes les tâches qui devaient être accomplies dans la maison et à l'extérieur. Elle en fit ensuite une copie pour chaque membre de la famille.

2. Elle organisa une réunion de famille.

3. À la réunion, elle demanda à chacun de choisir volontairement certaines tâches. Ensuite, elle continua en prenant elle-même des tâches et elle demanda à son mari de faire de même.

4. En négociant et en échangeant les tâches, elle assigna le reste des tâches. Tous ceux qui avaient une nouvelle tâche recevraient une formation. Elle expliqua qu'elle ne voulait pas avoir à harceler personne pour que les tâches soient faites adéquatement. Elle demanda à chacun si elle pouvait compter sur lui ou sur elle et elle attendit jusqu'à ce qu'il s'engage à faire ses tâches. Ensuite, elle fit un suivi pour s'assurer que chacun avait fait ce qu'il devait faire.

5. Elle prit soin de faire des compliments et de donner des signes de tendresse et d'appréciation. Elle reconnaissait les travaux bien faits et elle soulignait par des récompenses spéciales les efforts exceptionnels.

6. Elle s'assurait que chacun savait quand effectuer ses tâches. Si quelqu'un lui donnait l'excuse : «Je n'ai pas le temps!», elle l'aidait à planifier son temps.

7. Elle évitait les luttes de pouvoir. Lorsqu'un adolescent devait sortir les vidanges, un autre devait nettoyer la salle de bain (y compris la toilette). Un autre coupait la pelouse. Ils firent des rotations pour chaque tâche afin de s'assurer que les tâches ingrates n'étaient pas toujours accomplies par la même personne.

LES JEUNES ENFANTS

La rivalité entre frères et soeurs est normale. Les enfants apprennent à s'entendre avec les autres de cette façon. Les parents établissent des règles et ils se mêlent des disputes si la situation devient hors de contrôle. Les enfants apprennent à partager les jouets et les personnes, à négocier avec leur jalousie, à exprimer leur joie et leur colère de façon saine. Les parents qui ont des problèmes avec leurs enfants devraient lire *Parents efficaces* de Thomas Gordon.

Plusieurs enfants sont agressifs et cette agressivité peut s'exprimer de façon destructive ou constructive. Si l'enfant est blessé ou en colère, il peut l'exprimer en brisant délibérément un objet ou par une colère excessive envers les autres. Les enfants peuvent alors lancer des objets, briser les jouets des autres, frapper ou mordre les autres. Il est important d'analyser ce qui se cache derrière ce comportement destructeur. Une aide professionnelle peut être requise. Les parents devraient consulter un spécialiste si ce genre de comportement apparaît dès le jeune âge. Sinon, les comportements destructeurs peuvent empirer jusqu'à ce que d'autres (comme les professeurs) exigent que l'enfant reçoive une aide professionnelle.

Lorsqu'un enfant détruit un objet délibérément, vous pouvez l'aider à comprendre les conséquences de son geste en mettant l'accent sur les droits des autres. L'enfant devrait aider à réparer ou à remplacer ce qu'il a brisé. Puisqu'il ne peut pas le remplacer sans argent, cela peut être un argument en faveur d'une allocation régulière pour l'exécution de certaines tâches.

POURQUOI NE M'ÉCOUTE-T-IL PAS?

Un peu de désobéissance est un signe de santé. Elle vient avec la curiosité, l'enthousiasme, les nouvelles habiletés, les nouveaux amis et les émotions changeantes de l'enfant. Mais cela ne veut pas dire que la désobéissance doit être ignorée.

En tant que membre de la famille, votre enfant doit apprendre les règles du jeu. Il doit comprendre les attentes et les limites des autres. Il doit s'entendre avec les membres de sa famille et ses amis.

Une grande partie de l'autodiscipline s'apprend des autres enfants. Personne ne peut vous dire précisément comment encourager l'autodiscipline, mais voici quelques principes de base.

LE GUIDE DE L'AUTODISCIPLINE

1. Le développement sain de l'enfant dépend de l'amour que vous lui accordez. Cela doit être au coeur de toutes les relations familiales.

Votre enfant a besoin d'encouragement pour développer l'autodiscipline. Partager du temps et des activités avec l'enfant aide à construire une base solide pour l'affection et la confiance. Cela peut être raconter une histoire, jouer aux cartes ou, même, mettre la table.

Lorsque vous devez le réprimander ou le critiquer, parlez de ce que l'enfant a fait. Dites-lui : «Ce n'était pas très bien.» Et non : «Tu es un mauvais garçon.»

2. Les limites de l'enfant changent à chaque année. Tous les enfant s'agitent et se disputent pour connaître les limites. Durant les premières années, un enfant peut refuser de se coucher ou d'arrêter de jouer. Plus tard, ce sera les devoirs. Une fois adolescent, il aura particulièrement envie de décider de sa vie.

Soyez amical et juste. Faites-lui confiance dans les limites que vous avez établies. Il gémira et se plaindra, mais, même s'il ne le montre pas, il appréciera que vous vous occupiez de lui en lui mettant des limites.

3. La fermeté accompagnée de douceur est l'approche idéale. Crier ne fait que provoquer plus de cris. Si vous attendez qu'il coopère, vous aurez plus de chance de réussir.

4. Donnez le bon exemple. Si votre attitude et vos comportements dénotent peu d'autodiscipline, vous ne pouvez pas vous attendre à ce que votre enfant fasse mieux.

Si vos vêtements sont éparpillés sur le plancher, pourquoi devrait-il ranger les siens dans la penderie?

LA ROUTINE ET LA LIBERTÉ

Lorsque votre enfant commence l'école, il devrait avoir un horaire quotidien bien planifié : déjeuner, dîner, école, souper, coucher, routine quotidienne de toilette, brossage de dents, faire le lit, sortir les vidanges.

Il peut être utile d'afficher son horaire près de son lit ou sur le réfrigérateur.

Donnez-lui un peu de liberté dans le choix de ses amis, des films, des disques, des vêtements et dans la façon de dépenser son argent de poche. Il fera peut-être des erreurs, mais c'est ainsi qu'il apprendra.

Évitez les disputes en planifiant à l'avance. Les enfants n'ont pas une bonne notion du temps. Lorsque vous leur dites : «On éteint la lumière dans dix minutes», vous leur laissez la chance de terminer leur lecture ou leur programme de télévision.

La désobéissance et les crises de colère sont parfois causées par l'ennui, la solitude ou la fatigue. Si, dans votre famille, les personnes essaient de se comprendre mutuellement et de s'apprécier, vous serez en meilleure position pour négocier avec les problèmes émotifs.

SOYEZ FERME, MAIS ACCORDEZ-LUI VOTRE APPUI

Évitez de harceler votre enfant. Il apprend ainsi à décrocher. Le chantage est rarement efficace. En fait, votre enfant pourrait devenir un négociateur plus astucieux que vous.

- Les menaces sont également inefficaces; il peut penser que vous bluffez.
- Évitez les fessées trop fortes; elles ne font que conduire à du ressentiment et à plus de désobéissance.
- Soyez réaliste et assurez-vous que votre enfant est conscient que vous êtes de son côté.

QUE FAIRE LORSQUE VOUS PERDEZ PATIENCE?

Nous perdons tous notre sang-froid de temps en temps. Si cela se produit rarement et que vous en parlez tout de suite, l'incident sera vite oublié.

Parlez ouvertement de vos sentiments et des raisons de votre colère.

Essayez d'expliquer comment, en tant que parent, vous avez appris à être discipliné : faire une promenade pour faire passer la colère; faire les tâches ingrates pour avoir plus de temps pour vos loisirs...

DEUX MOTS IMPORTANTS : AMOUR ET LIMITES

L'autodiscipline est une qualité importante pour tous les enfants. Mais son apprentissage peut être épuisant.

Lorsque les temps sont durs, souvenez-vous de ceci : aimez-le et limitez-le. Relâchez les limites graduellement pour lui laisser plus de liberté, mais en même temps, donnez-lui beaucoup d'amour.

C'est une excellente façon de développer une personnalité saine.[1]

---

1. (Tiré d'un document de l'Association canadienne de la santé mentale).

LES CONJOINTS

Plusieurs problèmes surviennent lorsqu'il est question de l'entretien de la maison. On entend souvent les maris dire : «Comment! Je te donne un coup de main dans la maison!» En fait, il n'aide pas sa femme, il s'aide lui-même en faisant sa part du ménage. Le rôle traditionnel de l'homme était de gagner le pain. Le rôle de la femme était de prendre soin de la maison et des enfants. Maintenant que les femmes gagnent aussi leur pain, elles croient que les hommes devraient faire leur part dans la maison et avec les enfants.

Il est possible qu'un des deux conjoints n'ait pas le temps de faire sa part de corvées dans la maison, à l'extérieur ou avec les enfants. Il ou elle devrait engager quelqu'un pour faire sa part du travail ménager ou payer un membre de la famille pour le faire. Qu'il s'agisse de l'homme ou de la femme, la personne qui demande de l'aide devrait payer.

LES MESSAGES CONFUS

Malheureusement, le simple geste de communiquer avec les autres peut créer des messages confus ou mal interprétés. Voici une situation domestique qui démontre ce qui arrive souvent lorsque deux personnes communiquent :

1. *L'intention du mari :* Le mari désire faire savoir à sa femme qu'il s'aperçoit de la charge de travail supplémentaire qu'elle fait et qu'il l'apprécie. Il pense à ce qu'il peut faire pour lui montrer son appréciation :
   a) lui acheter des fleurs;
   b) l'amener souper au restaurant;
   c) lui dire ce qu'il en pense;
   d) essayer de l'aider dans la maison.

2. *Action du mari :* Il choisit d) et il met la table pour le souper.

3. **Réaction de la femme :** Elle le voit mettre la table, elle ne comprend pas son intention et elle l'interprète comme :
   a) Il la critique pour ne pas avoir mis la table;
   b) Il essaie de lui dire qu'elle passe trop de temps au téléphone;
   c) Il essaie de l'aider;
   d) Il se sent coupable à propos de quelque chose.

4. **L'effet sur la femme :** Elle décide que la réponse est a) et elle se sent blessée et rabaissée.

5. **La femme réplique :** Je ne vais pas lui dire que je suis blessée. Devrais-je :
   a) ne rien dire;
   b) dire : «Merci!»

6. **Action de la femme :** Elle décide de dire merci.

7. **Effet sur le mari :** Elle comprend et elle apprécie ce que j'ai fait.

C'est une situation classique où l'intention du mari était positive et attentionnée. Cependant, l'effet produit est complètement contraire à son intention. Il aurait mieux valu qu'il appuie ses gestes de paroles comme dans la réponse c) des intentions du mari. En utilisant une rétroaction positive, il se serait assuré que sa femme comprenait son intention.

Si vous avez eu une mauvaise journée, à votre retour à la maison vous pouvez transmettre des messages confus à votre famille. Disons que vous entrez et que vous ne dites pas bonjour comme à l'accoutumée. La réaction de vos enfants sera probablement : «Je me demande ce que j'ai fait de mal pour qu'il ne me parle pas.» À cause de votre silence, ils reçoivent un message erroné. Si cela se produit à l'avenir, dites-leur que vous n'êtes pas en colère contre eux. Habituellement, je dis : «Bonjour tout le monde! J'ai eu une journée terrible. J'ai besoin d'un peu de temps pour m'en remettre, d'accord?» J'épargne à mes enfants le sentiment qu'ils ont fait quelque chose pour me contrarier.

L'USAGE DU POUVOIR DANS UN COUPLE

Les premières luttes de pouvoir commencent une fois que la passion du début s'est atténuée, lorsque les partenaires se voient enfin comme des personnes réelles. Lorsqu'ils commencent à travailler en équipe, ils doivent négocier sur des dizaines de questions, du paiement du loyer à la sortie des vidanges. Un nouveau bébé, un changement d'emploi ou un déménagement peut parfois déclencher une nouvelle lutte de pouvoir.

Le désaccord le plus insignifiant peut camoufler une lutte de pouvoir. Cela peut concerner celui ou celle qui dépense l'argent du couple trop rapidement ou celui ou celle qui est toujours en retard pour le souper. Les conflits au sujet de l'argent, du sexe, de la planification de l'avenir, des choses qu'on se cache et du manque d'engagement cachent des luttes de pouvoir. Une fois que vous avez identifié les conflits de pouvoir dans ces domaines, vous devez les confronter. Vous pouvez remarquer que vous faites plus que votre part dans l'entretien de la maison. Cela peut être parce que vous passez trop de temps à travailler la fin de semaine au lieu de vous relaxer.

Si vous vous sentez frustré, en colère ou exclu de la relation, demandez-vous pourquoi. Il y a de fortes chances qu'une lutte de pouvoir entre vous et votre partenaire se cache là-dessous. Parlez-en longuement. Demandez-lui pourquoi il ou elle est toujours en retard ou pourquoi il ne vous traite pas correctement. Dites-lui comment vous vous sentez moche lorsqu'elle vous ignore, comment vous vous sentez exclue lorsqu'il ne vous dit jamais ce qu'il pense, etc. À moins de régler ces luttes de pouvoir, vous pourriez bien vous retrouver seul. Conservez une bonne communication. Utilisez la rétroaction pour résoudre ces problèmes.

LES BELLES-MÈRES

Murielle expliquait comment elle avait négocié avec sa belle- mère, Émilie. Murielle et son mari, Victor, allaient souper tous les dimanches chez ses beaux-parents. Parce qu'ils travaillaient tous les deux, ils devaient souvent faire les corvées le samedi. Cela ne leur laissait que le dimanche pour passer un peu de temps ensemble. Murielle refusait de passer sa seule journée libre avec ses beaux-parents.

Son objection cachait une autre raison. Elle admit qu'Émilie lui donnait constamment des conseils sur la façon de repasser les chemises, de cuisiner et d'entretenir la maison. Elle critiquait souvent ce que Murielle faisait. Finalement, Murielle en parla à Victor et elle lui expliqua les frustrations que cela lui causait. Elle écrivit tous les conseils et toutes les critiques que sa belle-mère lui avait donnés le dimanche précédent. Il admit qu'elle avait de bonnes raisons pour être contrariée et elle lui demanda ce qu'ils devraient faire. Après avoir discuté longuement, ils décidèrent que Murielle devait utiliser la rétroaction. Elle ferait savoir à Émilie les conséquences de ses paroles négatives. Victor l'appuierait au besoin.

Murielle décida de parler à Émilie en privé. Elle expliqua avec tact ce qui arrivait exactement et elle demanda la coopération d'Émilie pour corriger la situation. Elles décidèrent que le mardi soir conviendrait mieux à leur rencontre hebdomadaire. Elles se mirent d'accord pour que, chaque fois qu'Émilie se mêlerait de ce qui ne la regardait pas ou qu'elle la critiquerait, Murielle ferait un signe de la main. Émilie accepta de surveiller les signes.

Murielle s'aperçut qu'Émilie savait beaucoup de choses sur l'entretien domestique et l'artisanat. Elle décida de lui demander conseil lorsqu'elle en avait besoin. Cela facilita la transition pour Émilie qui, autrement, se serait sentie rejetée par le jeune couple. Les deux femmes apprirent à être tolérantes l'une envers l'autre. Émilie critiquait beaucoup moins et elle aidait davantage. Murielle en vint à dépendre des trucs d'Émilie qui les lui donnait de bon coeur.

LE COMMÉRAGE

Le commérage blesse toutes les personnes concernées. Comment mettre fin au commérage? Refusez simplement d'écouter ou demandez des faits. Ces faits devraient inclure des noms, des dates, des lieux, des sources, etc. Ou suggérez de demander à la personne en cause de donner sa version de l'histoire. La personne qui commère ira vite se cacher.

Les rumeurs et les commérages changent de signification en passant d'une personne à une autre. Voici la distorsion normale des faits lorsque l'information passe de personne à personne :

LA DISTORSION DES FAITS

1er émetteur — Information vraie à 100 p. cent
2e émetteur — Information vraie à 60 p. cent
3e émetteur — Information vraie à 40 p. cent
4e émetteur — Information vraie à 20 p. cent
5e émetteur — Information vraie à 10 p. cent

Il est prudent de vérifier les rumeurs et les commérages en allant à la source de l'information.

LES SOLUTIONS POUR LES GENS DIFFICILES

LES PROBLÈMES AVEC LES COLOCATAIRES

«Je suis récemment parti de chez moi et j'habite maintenant avec un colocataire. Nous ne fumons ni l'un ni l'autre, mais ses amis fument. Je ne veux pas que ses amis fument dans l'appartement. Comment puis-je le lui dire sans mettre notre amitié en péril?»

D'abord, en utilisant la rétroaction, faites savoir à votre colocataire que cette situation vous choque. Puis essayez de trouver une solution qui vous convient. Vous pouvez essayer un compromis, par exemple, que votre colocataire rencontre ses amis dans sa chambre. Ou ouvrez la fenêtre dans la pièce. Soyez ouvert à ses suggestions. Il aurait mieux valu discuter de ces questions avant d'emménager ensemble.

«J'ai des amis qui s'attendent à ce que je les reconduise tout le temps et qui ne m'offrent jamais de payer l'essence. Comment puis-je les amener à payer leur part?»

Avec la rétroaction, faites-leur savoir que cela vous ennuie. Dites-leur ce que vous croyez être une contribution équitable de leur part.

LES RETARDS

«J'ai une amie que j'emmène souvent à des rencontres communautaires ou au magasin, mais elle est toujours en retard. Outre la rétroaction, que puis-je faire d'autre pour corriger cette situation?»

Laissez-lui savoir quelles seront les conséquences si elle continue à être en retard. Dites-lui que si elle n'est pas prête la prochaine fois que vous allez la chercher, vous partirez sans elle. Puis faites-le!

LES VOISINS À PROBLÈMES

«Que puis-je faire avec la marmaille de la rue? Il y en a un qui est particulièrement difficile. Je l'ai encore surpris l'autre jour en train de faire de la bicyclette dans mes fleurs. Je lui en ai parlé à plusieurs reprises, mais il m'ignore.»

Parlez de la situation à ses parents. Malheureusement, les petits monstres suivent souvent l'exemple de leurs parents. Essayez de savoir si c'est le cas avant de leur parler. Si vous croyez qu'ils ne seront pas réceptifs, parlez-leur au téléphone; mais ne perdez pas votre sang-froid. Présentez-leur des faits. Trouvez des témoins et faites une estimation des dommages. Au besoin, envoyez une facture aux parents pour les dommages que leur enfant a causés à votre propriété. S'ils refusent de payer, vous pouvez les amener à la Cour des petites créances. (Vous n'avez pas besoin d'un avocat). Si les dommages sont considérables, vous pouvez les rapporter à la police et les laisser s'occuper de l'affaire.

«Que faire avec des voisins qui font jouer leur musique trop fort? Je leur ai demandé à trois reprises de la baisser au cours du dernier mois.»
«À quelle heure est-ce arrivé?»
«Deux fois vers minuit et une fois dans l'après-midi.»

Si cela se produit vers minuit, plaignez-vous au gérant de l'immeuble (même à minuit). Comme cela s'est produit à trois reprises au cours du mois, vous pourriez envoyer une lettre au locataire et une au propriétaire. Si cela ne donne rien, vous pouvez parler à quelqu'un de la Régie du logement. La plupart des villes et des municipalités ont des règlements concernant le bruit.

LES PROBLÈMES AVEC LES PROFESSIONNELS

«Mon médecin me fait attendre pendant des heures pour un rendez-vous. Je suis trop occupé pour perdre mon temps à attendre. Que devrais-je faire à l'avenir?»

Nous avons tous rencontré ce genre de problèmes avec un professionnel à un moment ou un autre, qu'il soit médecin, dentiste, avocat, etc. Si votre médecin vous fait habituellement attendre, essayez ce qui suit :

Mon temps est également très précieux. Avant de partir, j'appelle au bureau de mon médecin. Voici une des conversations que j'ai eues dans le passé :

«Bonjour, ici Roberta Cava. J'ai un rendez-vous à 14 heures avec le docteur Smith. Pouvez-vous me dire à quelle heure je pourrai le voir?»

«Vous avez rendez-vous à 14 heures.»

«Ce n'est pas ce que je veux savoir. À quelle heure pourra-t-il me rencontrer? Est-il en retard aujourd'hui?»

«Bien, il est un peu en retard aujourd'hui.»

«Alors quand pourra-t-il me voir?» (technique de l'enregistreuse bloquée).

«Il a environ 45 minutes de retard; il vous verra donc vers 14 h 45.»

«Bien, j'y serai.»

Je suis arrivée à 14 h 40 et j'ai vu le médecin à 14 h 45. La salle d'attente était pleine de gens qui avaient rendez-vous à 14 h 10, 14 h 20, 14 h 30 et 14 h 40. Les personnes qui attendaient devaient se demander pourquoi je recevais un traitement de faveur.

Voici une solution beaucoup plus drastique. Il existe des cas, au Canada et aux États-Unis, où des gens qui ont été obligés d'attendre pour voir des professionnels leur ont envoyé une facture. Ils leur ont chargé un taux horaire basé sur leur salaire. J'aurais donc pu envoyer une facture à mon médecin pour le temps qu'il m'avait fait perdre. C'est une solution beaucoup plus drastique. Si vous ne comptez pas retourner voir ce médecin, c'est un moyen efficace pour passer votre message. Ainsi, vous serez peut-être payé pour le temps que vous avez perdu et les professionnels arrêteront peut-être de donner trop de rendez-vous.

«Lorsque je vais voir mon médecin, je ressors souvent frustré. Il est très pressé et il me donne certaines directives ou une ordonnance. La moitié du temps, je ne sais pas ce que j'ai, ni pourquoi je prends des médicaments. Que puis-je faire pour que mon médecin prenne le temps de me parler?»

Les personnes en position d'autorité ou de pouvoir sont condescendantes avec la plupart d'entre nous. Elles peuvent être des aînés, des professionnels comme des médecins, des avocats, des policiers ou des juges. J'ai découvert que ces personnes sont comme vous et moi. Si elles communiquent mal, c'est à nous de demander plus d'information. Si vous ne comprenez pas ce que votre médecin vous dit, demandez-lui de vous l'expliquer d'une manière plus simple. Ne partez pas avant d'avoir compris. Avant de le rencontrer, préparez une liste de questions que vous voulez lui poser. Si votre médecin semble pressé, dites-lui que vous vous sentez bousculé en utilisant la rétroaction. Demandez-lui de vous accorder plus de temps pour comprendre votre état.

LES PERSONNES BRUSQUES OU IMPOLIES

«Comment devrais-je négocier avec un représentant qui est brusque ou impoli au téléphone?» Demandez-lui son nom et le nom de son superviseur. Il est fort probable qu'il deviendra plus aimable et qu'il vous donnera un meilleur service. S'il ne le fait pas, parlez à son superviseur et racontez-lui ce qui s'est passé.

LES MESSAGES À L'INTERPHONE DURANT LES COURS

«Je suis enseignante et je suis très contrariée lorsqu'on fait un message à l'interphone pendant que je donne un cours. Cela distrait la classe et interrompt le fil de mon cours.»

Parlez-en aux autres enseignants pour savoir s'ils pensent comme vous. Si c'est le cas, désignez un représentant pour parler à la personne responsable de ces messages. Demandez-lui de faire ces messages à la fin des cours juste avant que la cloche sonne. Utilisez cette technique lorsqu'une situation ennuie plus d'une personne.

CONCLUSION

ÊTES-VOUS PRÊT POUR LE SUCCÈS?

Vous possédez maintenant les outils qui vous permettront de négocier avec les gens furieux, impolis, impatients, émotifs, contrariés, obstinés et agressifs. Ces techniques de communication indispensables vous aideront à négocier avec tous les types de personnes et de situations difficiles. Apprenez ces techniques et vous ne pourrez pas vous empêcher d'améliorer vos relations avec vos employés, vos supérieurs, vos collègues, vos clients et vos parents. Parce que cette technique est primordiale dans le monde des affaires, elle peut vous mener à des tâches plus intéressantes, à des promotions, à des responsabilités de direction et à une amélioration générale de votre moral au travail.

Votre habileté à communiquer vous aidera à contrôler votre humeur et à garder votre sang-froid dans une situation tendue. Au lieu de vous mettre sur la défensive, lorsque vous négociez avec un client furieux, vous vous concentrerez sur son problème. Vous serez tous les deux gagnants au bout de la ligne.

— Vous serez plus positif et vous aurez plus de temps pour faire ce que vous voulez faire au lieu de vous précipiter pour calmer les autres.

— Vous serez capable de négocier avec des clients en colère ou agressifs.

— Vous serez apte à contrôler votre colère et votre stress.

— Vous pourrez résister à la coercition, à la manipulation ou à l'intimidation que certaines personnes utilisent pour obtenir ce qu'elles veulent. Vous serez également capable d'identifier le problème qui se cache derrière un comportement difficile.

— Vous serez un négociateur compétent et apte à résoudre les conflits.

— Vous saurez interpréter et utiliser les signes non verbaux.

— Vous pourrez identifier vos comportements passifs, agressifs et assurés, et ceux des autres.

— Vous saurez dire non sans vous sentir coupable.

— Vous saurez utiliser les techniques de la communication pour améliorer votre efficacité en tant que client, collègue, employé, superviseur ou parent.

— Vous saurez comment traiter les conflits de personnalités.

— Vous comprendrez comment il faut utiliser la rétroaction pour que les autres soient conscients de vos sentiments face aux gestes qu'ils posent.

— Vous saurez utiliser la paraphrase pour confirmer ce que vous avez entendu.

— Vous recevrez davantage de compliments de vos associés parce que vous pourrez contrôler vos sentiments négatifs.

Apprenez ces techniques et mettez-les en pratique quotidiennement. Elles sont efficaces! Cependant, comme toute nouvelle technique, elles doivent être utilisées régulièrement pour devenir des automatismes. Une fois que vous les maîtriserez, il y a de fortes chances pour que vous soyez capable de contrôler la façon dont vous négociez avec les autres et dont vous réagissez.

Vous ne permettrez plus aux autres de décider comment se déroulera votre journée. Parce que vous aurez acquis cette maîtrise, votre confiance augmentera. Plus vous serez confiant, moins vous serez stressé et anxieux, et plus vous aurez d'énergie et d'enthousiasme dans toutes les facettes de votre vie. Si vous utilisez ces techniques, vous devez vous préparer à avoir du succès, car le succès viendra inévitablement!

Remerciements

Je désire remercier les milliers de personnes qui ont participé à mes séminaires et qui ont contribué, en donnant leurs idées, à la meilleure façon de négocier avec les gens difficiles.

J'adresse des remerciements spéciaux à l'Alberta Government Telephones, qui m'ont permis de citer directement des passages de leurs brochures, et à mon éditrice, Margaret Allen.

Je remercie ma mère, Mabel Hastie, qui m'a enseigné la patience et la persévérance, et je remercie ma fille, Michèle, qui a enduré de longues heures de solitude pendant que j'écrivais ce livre.

ANNEXE I

Les Centres d'emploi du Canada

La Commission de formation professionnelle peut vous aider dans la recherche d'un emploi. Ces services sont normalement gratuits. Vous pouvez également contacter le Centre d'emploi du Canada de votre région.

Commission de formation professionnelle

5350, rue Laffont
Montréal (Québec)
H1X 2X2
1-514-725-5221

Commission de formation professionnelle

1010, rue Borne
Québec (Québec)
G1N 1L9
1-418-687-3540

ANNEXE II

En cas de harcèlement sexuel, contactez le bureau le plus près de chez vous.

Commission des droits de la personne

360, rue St-Jacques Ouest
Montréal (Québec)
H2Y 1P5
1-514-873-7618
1-800-361-6477

Commission des droits de la personne

1279, boul. Charest Ouest
8e étage
Québec (Québec)
G1N 4K7
1-418-643-1872
1-800-463-5621

Commission des droits de la personne

170, rue de l'Hôtel de Ville
Bureau 6.170
Hull (Québec)
J8X 4C2
1-819-776-8113

Commission des droits de la personne

33, rue Gambel
Bureau RC-10
Rouen (Québec)
J9X 2R3
1-819-762-9325

Commission des droits de la personne

456, rue Arnaud
Bureau RC-07
Sept-Iles (Québec)
G4R 3B1
1-418-962-0403

Commission des droits de la personne

375, rue King Ouest
Local 1.05
Sherbrooke (Québec)
J1H 6B9
1-819-822-6925

SUGGESTIONS DE LECTURE

ARNSTEIN, Hélène S., *Que dire à votre enfant?* Paris, Laffont, 1982.

ROSEMOND, John K., *L'Autorité des parents dans la famille,* Éditions de l'Homme, 1982.

CORRAZE, Jacques, *Les Communications non verbales,* Paris, Presses universitaires de France, 1980.

DE BONO, Edward, *Conflits: vers la médiation constructive.* Paris, Interéditions, 1988.

DESAUNAY, Guy, *Comment gérer intelligemment ses subordonnés.* Paris, Dunod, 1984.

DEVERS, Thomas, *Communiquer autrement: Expression non verbale, attitudes et comportements.* Éditions de l'Organisation, 1985.

GAGNÉ, Pierre Paul, *Évoluer avec ses enfants,* Montréal, Éditions de l'Homme, 1986.

GORDON, Thomas, *Parents efficaces,* Paris, Marabout, 1987.

HALL, Edward T., *Le Langage silencieux,* Paris, Éditions du Seuil, 1984.

LEFEBVRE, Gérald, *Le Coeur à l'ouvrage*, Montréal, Éditions de l'Homme, 1982.

NAIFEH, Steven, *Ces hommes qui ne communiquent pas*, Montréal, Le Jour, 1987.

PEASE, Allan, *Le Langage du corps*, Paris, Nathan, 1984.

Bibliofiche 297B